Y0-CXK-264

Elogios para
Nunca pares de aprender

"Érase una vez, la ventaja competitiva le pertenecía a la gente que más sabía. Ahora, les pertenece a los que más sepan cómo aprender. En esta obra, Brad Staats usa toda su habilidad para darles a conocer a sus lectores cuáles son las evidencias más recientes con respecto a cómo acelerar el aprendizaje en el trabajo".

> —**ADAM GRANT**, autor de los *bestsellers* de *The New York Times*, *Give and Take*, *Originals* y *Option B* (con Sheryl Sandberg).

"Un brillante tutorial sobre cómo aprendemos —o lo que es más frecuente, cómo no aprendemos—. Esta es la guía esencial para prepararte para una nueva era".

> —**GENERAL (RET) STANLEY McCHRYSTAL**, del Ejército de los EE. UU. Comandante en Jefe de la Fuerza Internacional de Asistencia para la Seguridad en Afganistán y autor *bestseller* de *Team of Teams*.

"A lo largo de este ingenioso libro, Brad Staats nos describe en qué consisten esas fuerzas que nos atraen hacia una economía que valora, por encima de todo, la capacidad de aprender. Mediante una muy buena combinación entre la ciencia del comportamiento e investigaciones sobre los procedimientos operativos, el autor desmitifica el proceso de aprendizaje y nos explica cómo todos y cada uno de nosotros tenemos la capacidad para convertirnos en verdaderos aprendices. Esta es una lectura esencial para quien desee aprender más rápido y mejor".

—**DANIEL H. PINK**, autor de *When and Drive*.

"Brad Staats diseñó esta práctica hoja de ruta que muestra cómo afrontar uno de los desafíos más grandes de los líderes de hoy. En la actualidad, más que nunca antes, los líderes exitosos saben que, para mantenerse a la vanguardia, tendrán que ser estudiantes de por vida. *Nunca pares de aprender* está repleto de ideas y consejos eficaces que te ayudarán a dominar el arte del aprendizaje".

—**MATT BREITFELDER**, Director de Talentos y Director General de BlackRock.

"Si queremos tener éxito en este entorno siempre cambiante, el aprendizaje y la adaptación son habilidades fundamentales. Brad Staats nos explica por qué no aprendemos en el trabajo y haciendo uso de su total convicción en el tema nos indica qué hacer para mejorar en este aspecto. Esta es una guía vital para prosperar en el siglo XXI".

—**FRANCESCA GINO**, profesora de Administración de Empresas en Harvard Business School y autora de *Rebel Talent* y *Sidetracked*.

"En esta época de cambios tan acelerados, aprender ha llegado a convertirse en la habilidad empresarial por excelencia. Sin embargo, la mayoría de la gente no es muy buena aprendiendo. Además, con mucha sutiliza, gran parte de las culturas empresariales tiende a desalentar esta capacidad. 'Enseñar a las personas y a las empresas a convertirse en aprendices rápidas, efectivas y constantes, lo que Staats hace de manera convincente en este nuevo libro, es el primero y más esencial paso para enfrentar el futuro'".

—**ALAN MURRAY**, Director de Contenido de Time Inc. Presidente de *Fortune*.

"*Nunca pares de aprender* es el mejor libro que se haya escrito sobre cómo hacer posible que tanto tú como tu equipo y tu organización sigan aprendiendo en aras de un rendimiento en el trabajo cada vez más satisfactorio y de alta calidad. En esta lectura encontrarás estudios cuyos giros son encantadores y sus historias te resultarán instructivas e inspiradoras. Staats combina todo esto para crear una obra maestra que es tan divertida y tan útil, que no querrás parar de leerla hasta haberla terminado. Cuando la termines, nunca volverás a pensar en tu trabajo de la misma manera".

—**ROBERT SUTTON**, profesor de Stanford y autor *bestseller* de *Good Boss, Bad Boss* y *Scaling Up Excellence*.

NUNCA PARES
DE APRENDER

Mantente actualizado, reinvéntate y prospera

NUNCA PARES
DE APRENDER

BRADLEY R. STAATS

TALLER DEL ÉXITO

NUNCA PARES DE APRENDER

Copyright © 2022 - Taller del Éxito - Bradley R. Staats

Original work copyright © 2018 Bradley Staats
Published by arrangement with Harvard Business Review Press

Título original: Never stop learning : *Stay relevant, reinvent yourself, and thrive*
Traducción al español: Copyright © 2019 Taller del Éxito, Inc.

Reservados todos los derechos. Ninguna parte de esta publicación puede ser reproducida, distribuida o transmitida por ninguna forma o medio, incluyendo: fotocopiado, grabación o cualquier otro método electrónico o mecánico, sin la autorización previa por escrito del autor o editor, excepto en el caso de breves reseñas utilizadas en críticas literarias y ciertos usos no comerciales dispuestos por la Ley de Derechos de Autor.

Publicado por:
Taller del Éxito, Inc.
1669 N.W. 144 Terrace, Suite 210
Sunrise, Florida 33323
Estados Unidos
www.tallerdelexito.com

Editorial dedicada a la difusión de libros y audiolibros de desarrollo y crecimiento personal, liderazgo y motivación.

Traducción y corrección de estilo: Nancy Camargo Cáceres
Diseño de carátula: Chrislian Daza
diagramación: Joanna Blandon

ISBN: 978-1607385219

Printed in Colombia
Impreso en Colombia

22   23   24   25   26   R|CB   06   05   04   03   02

Para Tricia y Dave:
Con ustedes, nunca paro de aprender

CONTENIDO

Capítulo 1

CONVIÉRTETE EN UN APRENDIZ DINÁMICO

"Todo lo que logremos en nuestro interior cambiará nuestra realidad externa".

—Otto Rank[1]

Mi abuelo paterno, Preston William Staats Sr., creció en New Braunfels, Texas. Allí, su padre era el dueño de Candy Kitchen, una pequeña tienda de dulces y refrescos. Desde el momento en que vio que mi bisabuelo logró obtener los derechos del embotellado de Coca-Cola para la región, mi abuelo supo identificar que allí había una oportunidad de crecimiento. Preston Senior trabajó en la planta cuando era niño y luego, cuando llegó el momento indicado, se dispuso a recorrer las 45 millas que lo llevarían hacia Austin con el propósito de asistir a la Universidad de Texas. Y una vez terminó sus estudios, regresó a New Braunfels para dirigir la planta de Coca Cola. Mi abuelo materno, Brooks Woolford, creció en Houston. Allí, trabajó como Gerente del Área de Crédito durante la mayor parte de su vida adulta. En otras palabras, mis dos abuelos vivieron fuera de su respectiva ciudad natal solo mientras sirvieron en la Segunda Guerra Mundial.

Sus experiencias contrastan por completo con las de sus dos nietos —mi hermano Trent y yo—. Crecimos en Austin y allí los dos fuimos a la Universidad de Texas, donde obtuvimos nuestro título universitario (¡*Hook 'em, Horns*!). Trent se quedó para obtener su doctorado en ingeniería y luego comenzó una compañía especializada en hacer el monitoreo en tiempo real de las líneas de transmisión de energía para los comerciantes de electricidad. Cuando la vendió, se inscribió en Harvard Business School (HBS) para obtener un MBA y se estableció en Boston durante los siguientes diez años trabajando en empresas que apenas se iniciaban en los campos de la biotecnología, los bio-combustibles y la recuperación de desechos químicos.

Mientras tanto, yo, después de graduarme de UT-Austin, me fui a trabajar en la banca de inversión en Goldman Sachs, primero, en Nueva York y, luego, en Houston. Tiempo después, me mudé a Boston y también obtuve mi MBA en HBS. Luego, me vinculé a Dell Computer, en Austin. Allí, trabajé en planificación estratégica. Más adelante, me vinculé a una firma de capital de riesgo en Tampa. Se centraba más que todo en tecnología y servicios de salud. Regresé a Boston para hacer mi doctorado en HBS y, cuando lo terminé, me fui a Chapel Hill a trabajar como profesor en la Escuela de Negocios Kenan-Flagler de la Universidad de Carolina del Norte donde he estado desde entonces, con la excepción de un año que estuve como profesor visitante en la Escuela Wharton de la Universidad de Pennsylvania, en Filadelfia.

Ese contraste entre la experiencia de nuestros abuelos y la de Trent y mía no es nada atípico. Hoy en día, por lo general, las carreras de la gente incluyen múltiples empleadores y, con frecuencia, también múltiples industrias. De ahí que los datos para hacer seguimiento laboral de la trayectoria de los empleados durante años sean tan escasos. Sin embargo, un informe de la Oficina de Estadísticas Laborales, encargado de hacerles seguimiento a un grupo de trabajadores desde los 18 hasta los 48 años de edad, durante los años 1978 a 2012, encontró que, en promedio, todos ellos tuvieron 12 empleos diferentes[2]. Y al final de ese ciclo, solo el 3.3% tenía el mismo trabajo al que se vinculó desde la edad de 25 a 29 años; además, otro 5.4% tenía el mismo trabajo que consiguió entre los 30 y 34 años. Lo cual significa que para la mayoría de las personas, lo único constante es el cambio.

Esto ilustra que, para tener éxito en el entorno actual, es necesario permanecer en continuo aprendizaje —capacitarnos sobre cómo ejercer mejor las funciones ya existentes y cómo desarrollar nuevas—. Si dejamos de aprender, corremos el riesgo de volvernos obsoletos y terminaremos resolviendo los problemas de ayer demasiado tarde en lugar de abordar los problemas de mañana antes de que alguien más les encuentre solución.

La cuestión es que somos malos aprendiendo. Supremamente malos. De hecho, somos nuestros peores enemigos. Tanto, que a menudo, en lugar de hacer aquello que nos ayude a aprender, hacemos todo lo contrario. No estamos dispuestos a asumir riesgos que impliquen fracasos. Nos obsesionamos con los resultados y terminamos dejando de examinar con cuidado cuál será el mejor camino para lograr el propósito en mente. Nos apresuramos a responder en lugar de enfocarnos en hacer preguntas. Es como si necesitáramos que nos vieran haciendo algo, cualquier cosa, y preferimos no retroceder, ni parar para renovar fuerzas y reflexionar. Seguimos caminos que otros ya hayan abierto en lugar de forjarnos nuestro propio camino. Buscamos corregir las debilidades irrelevantes de las que padecemos en lugar de poner a prueba nuestras fortalezas. Nos enfocamos en metas obtusas y no en buscar experiencias significativas. Tratamos el aprendizaje como un ejercicio individual y no tenemos en cuenta que quienes nos rodean también desempeñan un papel importante en nuestro proceso.

Por eso he escrito *Nunca pares de aprender*: para ayudarte a aprender cómo aprender. Al interior de estas páginas, te presento un enfoque que te lleva a mantenerte relevante en un mundo de cambio continuo. Describo en detalle cuáles son esos procesos a seguir para convertirte en un aprendiz dinámico y te explico en qué consiste la ciencia del comportamiento —la cual demuestra por qué no hacemos lo que debemos hacer—. Además, te propongo estrategias prácticas y comprobadas que te servirán para superar tus desafíos. Tal vez, tú seas tu peor enemigo, pero el hecho es que tú eres la única persona sobre la cual ejerces control.

El auge de la economía del aprendizaje

Hoy, el aprendizaje es tan vital, que es fácil pensar que vivimos en la economía del aprendizaje. Por lo tanto, no nos limitemos a ser tan solo trabajadores del conocimiento; también tenemos que ser trabajadores en constante aprendizaje. Como dijera Satya Nadella, Directora General de Microsoft: "En todo caso, ser un 'aprendetodo' siempre será mejor que ser un 'sabelotodo'". Cuatro dinámicas —rutinización, especialización, globalización y escalabilidad individual— nos llevaron al punto en que nuestra capacidad para aprender y luego cumplir nuestros objetivos define si somos capaces o no de ingeniárnoslas para crear una ventaja competitiva individual que, en últimas, determine si lograremos seguir siendo relevantes, reinventarnos y prosperar.

Trabajo cognitivo, no rutinario

Cada innovación requiere nuevas habilidades —tema que se remonta a los orígenes de la Historia de la humanidad, pero que se destacó de manera dramática durante la Revolución Industrial y en el siglo XX—. Este es un hecho confirmado por los datos de las oficinas de empleo. Por ejemplo, en 1910, la fuerza laboral de los EE. UU. era 32% agrícola; en 1950, se elevó al 65%; ya en 2015, apenas el 2% llegó a corresponder a esta clase de mano de obra[3]. El empleo en la industria manufacturera alcanzó su punto máximo en 1953, con un total del 30% de esta fuerza laboral[4]. En la segunda mitad del siglo XX, se registró una disminución constante; ya para 2015, los empleos en este campo representaron menos del 10% de la fuerza laboral total[5]. Los porcentajes son diferentes en otras partes del mundo, pero el hecho es que los dramáticos cambios de los trabajadores entre una industria y otra son similares.

Además, los empleos agrícolas y de manufactura en los Estados Unidos fueron trasladados a lugares del mundo donde los costos laborales eran inferiores. En la década de 1900, Estados Unidos ofrecía mano de obra barata y voluntaria, motivo por el cual la manufactura creció, pero a partir de la década de 1950, países como Japón, Taiwán y China ofrecieron costos laborales más bajos y captaron una mayor cantidad de empleos en esta industria.

En realidad, el impulsor dominante del cambio en el empleo fue, sin lugar a duda, el incremento en la productividad resultante de la rutinización. Por ejemplo, a pesar de que la cantidad de tierra utilizada y el trabajo manual requerido disminuyeron[6], la producción agrícola en Estados Unidos aumentó más del doble entre 1948 y 2011. Los adelantos alcanzados en la producción de semillas, fertilizantes, técnicas agrícolas y tecnología impulsaron el cambio. Fue entonces cuando los agricultores comenzaron a desarrollar mejores técnicas y a prestarle más atención al manejo del proceso agrícola y no tanto a seguir implementando el mismo tipo de instrucciones que aprendieron y que venían utilizando para cuidar las tierras.

Lo mismo ocurre con respecto a la industria manufacturera. Muchos denuncian la huida de infinidad de empleos de Estados Unidos en el siglo XXI, pero esto se debe a que las empresas permanecen en la búsqueda de mano de obra lo más barata posible. Sin embargo, según ciertos cálculos, de 2000 a 2010, solo el 13% de la pérdida de empleos en este campo se debió al comercio exterior (es decir, a que esta clase de empleos fue desplazada hacia otros países), mientras que el 87% se debió a aumentos de productividad (es decir, a que hubo menos necesidad de mano de obra)[7]. Es indiscutible que los avances constantes en la inversión tecnológica, junto con nuevas prácticas laborales y administrativas, aumentan de manera dramática la productividad, pero también es innegable que, como resultado, reducen la cantidad de mano de obra requerida y cambian el tipo de labor que se requiriere por parte de los trabajadores.

Este hecho tiene implicaciones cruciales en cuanto a las habilidades que necesitaremos para avanzar en nuestra vida laboral. El valor del trabajo manual repetitivo continúa disminuyendo, ya que cada vez se hace más posible su automatización causando que la fuerza laboral humana sea remplazada por maquinaria, además de que existe la posibilidad de manufacturar en países donde los costos sean más bajos. Así que, por todas estas razones, tenemos la posibilidad de generar valor, pero solo cuando contamos con la capacidad de personalizar, adaptarnos e innovar, todo lo cual requiere de aprendizaje.

Si revisamos los datos de empleo desde 1983 hasta 2013, confirmaremos lo dicho[8]. En la siguiente figura, los trabajos se dividen en categorías de acuerdo a qué tan de rutina o cognitivos sean. La cantidad de trabajos de rutina —como el trabajador de fabricación (manual) o el profesional de ventas (cognitivo)— se ha mantenido estable a lo largo del tiempo, a pesar de la creciente cantidad de personas que vive en busca de trabajo. En contraste, las labores que no son de rutina han ido en aumento. Esta discrepancia ocurre porque los avances en el aprendizaje y la productividad eliminan los empleos que hay en el medio de estas dos categorías, pero mantienen la posibilidad de empleos con salarios tanto más bajos (como el cuidado personal de los ancianos) como más altos (gerentes y científicos).

Tengo una buena amiga que se pasó los primeros años de su carrera a cargo del procesamiento de los cheques en un banco. Su trabajo consistía en supervisar a una fuerza laboral que abría sobres, sacaba los cheques e ingresaba a mano la información. En ese momento, estas eran buenas oportunidades de empleo para quienes se movieran en el campo del ingreso de datos por computador, dado que estos cargos requerían de conocimientos en informática que no todos los trabajadores tenían. Pero estos empleos también fueron desapareciendo a medida que el proceso de ingresar datos se fue haciendo más ágil: los cheques eran procesados a través de escáneres eliminando así la necesidad de ingresar sus datos manualmente; además, pronto llegó el momento en que todo el proceso se volvió electrónico y con muy poca intervención humana. Los trabajadores que quedaron vigentes en esta área tenían que estar muy bien capacitados, pues necesitaban saber cómo funcionaba la tecnología de la información y el procesamiento electrónico, además de que debían estar muy bien preparados para afrontar a la perfección toda clase de eventualidades que surgieran en ese campo. El hecho es que, todos estos cambios llevaron a que el trabajo de rutina desapareciera.

Figura 1-1

Cambios en los trabajos desde 1983 hasta 2013

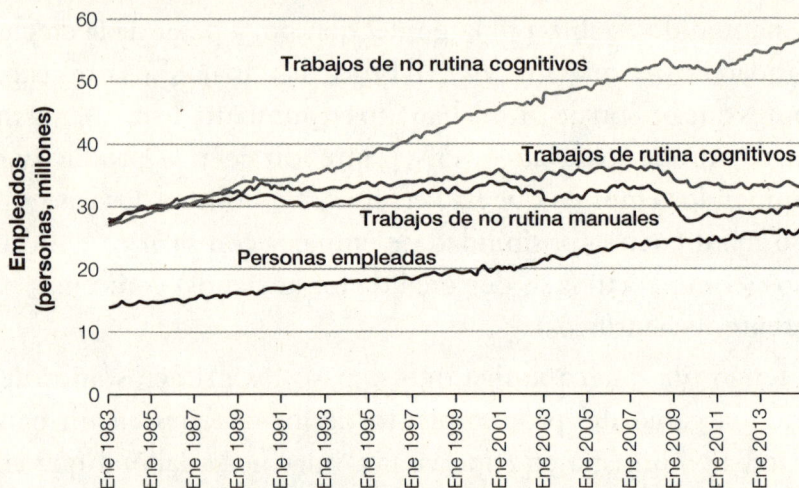

Fuentes: M. Dvorkin, "Jobs Involving Routine Tasks Aren't Growing", Federal Reserve Bank of St. Louis, enero 4, 2016, https://www.stlouisfed.org/on-the-economy/2016/january/jobs-involving- routine-tasks-arent-growing.

La especialización

El segundo motor de la economía del aprendizaje ha estado en el centro del progreso humano durante milenios: la especialización. En 1776, Adam Smith comenzó el primer tomo de *The Wealth of Nations* con la frase: "Los adelantos más importantes de las fuerzas productivas del trabajo, así como la mayoría de la habilidad, destreza y juicio con los cuales estos son dirigidos o aplicados en cualquier parte, parecen haber sido los efectos de la división del trabajo"[9]. Cuando se dividió el trabajo para que los individuos se especializaran en determinadas funciones, dichos individuos tuvieron que aprender más, pero mejoraron en gran manera. Es un hecho que las sociedades anteriores a la de Smith ya habían contemplado esta idea, pero solo a partir de los últimos tres siglos ha sido puesta en práctica con mayor intensidad.

A medida en que vamos familiarizándonos cada vez más con un área específica, más aumentan nuestras oportunidades para aprender sobre ella. Y cuanto más aprendemos, más nos damos cuenta de lo que no sabemos y con mayor certeza decidimos invertir en aprender aún más. Y el ciclo sigue y sigue.

Quizá, ningún campo ejemplifique mejor esta tendencia que el de la medicina. En las primeras civilizaciones, se practicaba una medicina simplista. Sin embargo, fue a falta de un verdadero entendimiento de la anatomía humana y de los mecanismos de la enfermedad que la medicina comenzó a requerir de un estudio cuidadoso de la causa y el efecto para aprender cuáles medicamentos daban mejores resultados.

Entonces, para rectificar esta falta de conocimiento, los médicos del siglo XVI comenzaron a centrarse en la anatomía. En 1546, Girolamo Fracastoro planteó que los microorganismos, al igual que las bacterias y los virus, eran la causa real de las enfermedades. Unos 200 años más tarde, Marcus von Plenciz amplió esa teoría. Además, Louis Pasteur, entre otros, también brindó suficiente apoyo para que esta teoría fuera ampliamente adoptada. Cada avance significaba que los conocimientos que se requerían para llegar a ser médico iban en aumento. Como resultado, se hizo necesaria la especialización en ciertos sistemas corporales y tipos de cuidado.

En 2017, la Junta Americana de Especialidades Médicas reconoció 37 especializaciones y 132 subespecializaciones[10]. Lo cual significa que, para ser calificado en cualquiera de ellas, se requieren años de capacitación. Sin embargo, incluso para los especialistas es casi siempre imposible saberlo todo en su área de especialización. Según una aproximación, un médico tendría que leer 29 horas diarias para estar al día con la literatura disponible en su área específica de conocimiento[11]. Con todo esto, es incuestionable que, para ser especializados, se requiere de inversión, pero las especializaciones nos ayudan a determinar hacia dónde enfocar nuestra escasa atención.

La globalización

El tercer motor de la economía del aprendizaje es la globalización, puesto que aumenta la competencia en el mercado laboral. En la última parte del siglo XX, numerosas economías abrieron su mercado laboral para que sus trabajadores y empresas estuvieran en capacidad de competir a nivel mundial. Brasil, Rusia, India y China lideraron en este proceso, pero otros países se fueron uniendo. La industria de servicios de software en India es un muy buen ejemplo de esto.

En 1979, cuando IBM abandonó India debido a las reglas que le exigían vender una participación de capital en sus operaciones allí, pocos ingenieros de software se quedaron trabajando en el país. Sus leyes y regulaciones hacían difícil tanto la adquisición de los equipos necesarios como la exportación de servicios. Sin embargo, algunas compañías continuaron, bien fuera enviando sus trabajadores a donde sus clientes ubicados en el extranjero, o trabajando en India y luego volando a Singapur o a otros centros de conexión para cargar allí rollos de cinta.

Ya en la década de 1990, el gobierno reconoció que sus universidades estaban graduando a cientos de miles de ingenieros bien entrenados que no estaban contribuyendo a la economía del país tanto como podían, dado que, a menudo, preferían irse al exterior en busca de mejores oportunidades de trabajo o se quedaban y desempeñaban cargos en los cuales no utilizaban sus enormes habilidades. Mientras tanto, la tecnología estaba cambiando para permitir que el trabajo se hiciera a control remoto y los clientes globales buscaban soluciones a sus problemas de software, así que el gobierno cambió las reglas para que las empresas pudieran incorporar los equipos tecnológicos necesarios y los servicios de exportación con poco o ningún impuesto.

Estos factores se combinaron para crear una explosión en la industria. Tata Consultancy Services, Infosys, Wipro Technologies y otras compañías de India crecieron, pero luego, las multinacionales identificaron que esa era una buena oportunidad de negocio y comenzaron a ampliar sus propias operaciones. Por ejemplo, en 2005, IBM celebró su reunión anual de inversores en India y anunció su plan para invertir $6 mil millones de dólares en los siguientes tres años en operaciones a lo largo y ancho de la nación, hecho que significaría posibilidades de empleo para, por lo menos, 150.000 trabajadores nacionales. La Figura 1-2 muestra el notable crecimiento de la industria con el paso del tiempo.

Existen historias de crecimiento similares sobre otros países e industrias.

La implicación es clara: a medida que los individuos avanzan en su trayectoria profesional, deben reconocer que mantenerse relevantes significa aprender más, no solo de quienes los rodean, sino también de quienes se encuentran en diversos lugares del mundo. Hoy, es más fácil que nunca que las empresas contraten empleados ubicados en cualquier nación del globo terrestre.

Figura 1-2

Ingresos de exportación de servicios de TI en India (En billones de $)

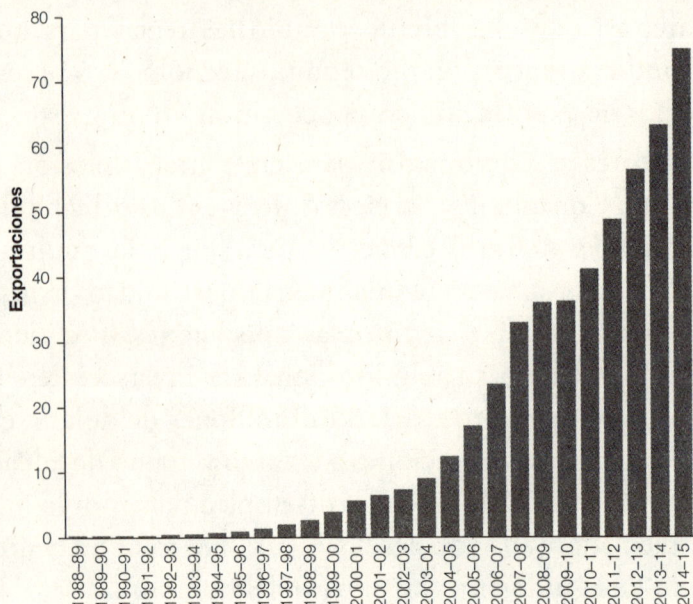

Fuente: R. Heeks, "Indian IT/Software Sector Statistics: 1980–2015 Time Series Data", ICT4D blog, abril 28, 2015, https://ict4dblog.wordpress.com/2015/04/28/indian-itsoftware-sector-statistics-1980-2015-time-series-data/.

Esta lección se vuelve aún más importante en vista de los cambios generalizados que están ocurriendo con respecto a los patrones de empleo. Los empleos de por vida que tuvieron mis abuelos no fueron atípicos para su generación, pero, en la actualidad, son casi desconocidos. Es innegable que estos cambios se han vuelto cada vez más dramáticos debido a la creciente cantidad de emprendedores que trabajan por su cuenta, sin tener que depender del salario de ninguna empresa. Ya sea que se trate de conductores de Uber y Lyft o de trabajadores del conocimiento disponibles directamente o a través de plataformas como Upwork, Guru y 99designs, en el mundo de hoy, la gente compite a nivel mundial y cada vez con más frecuencia. Por todo esto, si deseas mantenerte competitivo a nivel internacional, debes convertirte en un aprendiz dinámico.

La escalabilidad

El último factor importante de la economía del aprendizaje es la capacidad de escalar en nuestro propio aprendizaje. Hace muchos años, hasta un excelente cirujano que se mantenía a la vanguardia en el desempeño de su profesión enfrentó cierto grado de disminución en la demanda de sus servicios. En ese tiempo, la gente no viajaba con facilidad y, por esta razón, él vivía limitado a su trabajo con los pacientes de su población, pues muy rara vez le llegaban pacientes de otras localidades. Sin embargo, a medida que viajar se fue volviendo más fácil, la demanda de sus servicios (y sus posibilidades para aumentar los precios) fue en ascenso. Poco a poco, la especialización en su campo se fue volviendo más común, dado que los altos ingresos devengados hacían que la inversión en capacitación especializada valiera la pena.

Las tecnologías de la información y la comunicación han ido rompiendo muchos obstáculos. Ahora, uno puede usar internet no solo para comercializar sus servicios, sino también para llegar a audiencias mucho más amplias. El aumento de la tecnología de la información significa que es posible almacenar conocimiento —por ejemplo, mediante la creación de un software que incluya decisiones administrativas de cadenas de suministro o regulaciones fiscales— para luego distribuirlo. Aún mejor, debido a que el costo marginal de los productos de información es cercano a cero (una vez que se ha hecho la inversión para producir la primera copia, cuesta poco vender la segunda y más), resulta bastante atractivo desde el punto de vista financiero vender nuestro trabajo de manera más amplia que nunca antes.

Conviértete en un aprendiz dinámico

Para mantenerte vigente en la economía del aprendizaje necesitas poner en práctica un tipo de aprendizaje cuyas características estén basadas en el dinamismo. Los estudiantes dinámicos comparten ampliamente el conocimiento y saben cómo utilizar los efectos de las redes (el valor de los servicios aumenta a medida que más personas los usan: piensa en Facebook). Dejar de aprender y preferir adaptarte significa que estás corriendo el riesgo de quedarte atrás, desactualizado. Esta actitud implica un peligro significativo para nuestras organizaciones, para nosotros mismos y para nuestros hijos, ya que el conocimiento no solo es necesario, sino que está siendo utilizado para generar más conocimiento. En otras palabras, para aprender cada vez más.

Este fue el desafío oculto que me llevó de regreso a la academia. Como ingeniero, banquero de inversiones y capitalista de riesgo, observaba que muchos emprendedores inteligentes y motivados estaban luchando por alcanzar sus objetivos. Y aunque muchos fracasaron, también me encontré con quienes siempre se desempeñaban a un nivel superior. En el momento, yo no veía las diferencias, pues, en general, todos ellos tenían buenos niveles de educación, capacitación y recursos similares. Sin embargo, reflexionando, me di cuenta de que algunos se mantenían en constante aprendizaje mientras que otros, no.

Además, yo ya había logrado identificar cuál era la pregunta adecuada al respecto — ¿qué principios llevan al aprendizaje dinámico? —, pero no lograba identificar cuál era la respuesta, así que, durante estos últimos 15 años, mi investigación ha estado en su búsqueda.

Para investigar más a fondo el tema del aprendizaje, decidí ubicarme entre dos campos académicos: operaciones y ciencias del comportamiento. Elegí el primero porque, en esencia, el aprendizaje no es un ejercicio teórico; es una práctica. Las operaciones se ocupan de mejorar los resultados, así que, estudiar al respecto significa observar los procesos operativos —cómo los *inputs* se convierten en *outputs*— para luego mejorarlos. Con este propósito, utilizo el equipo necesario para observar uno a uno cuáles son los pasos del proceso de aprendizaje, entendiendo no solo las partes que lo constituyen, sino también cómo estas encajan en un sistema general.

En cuanto a la ciencia del comportamiento, elegí estudiarla porque mi experiencia me ha enseñado que las propiedades fundamentales de la naturaleza humana afectan la capacidad de los individuos para aprender. Además, incluso como ingeniero en estado de recuperación, tuve que reconocer que un enfoque del proceso que esté alejado del examen de las personas que participan en él, estaría incompleto. El epígrafe que abre este capítulo es correcto: lo que sucede dentro de nuestro cerebro puede alterar nuestra realidad exterior. De la misma manera, lo que no logremos a nivel interno alterará las oportunidades que tengamos en el futuro.

Al casarme con estos dos enfoques, obtuve una perspectiva única sobre el tema del aprendizaje. Esta involucra tres pasos: primero, averiguar qué necesitas para ser un aprendiz dinámico; segundo, identificar por qué no lo haces; tercero, entender los pasos a seguir para superar el desafío.

Este proceso rige la organización de cada uno de los ocho capítulos que le dan forma y contenido a este libro. En todos y cada uno incorporo anécdotas que sirvan de ilustración así como investigaciones que sirvan como la base más adecuada para explicar qué debemos hacer para aprender, por qué no lo hacemos y cómo superar el desafío. Además, incluyo los siguientes elementos clave que considero necesarios para convertirse en un verdadero aprendiz dinámico:

➤ *Valorar el fracaso*: los estudiantes dinámicos están dispuestos a fallar para aprender.

➤ *Evaluar el proceso en lugar del resultado*: los aprendices dinámicos reconocen que enfocarse en el resultado es erróneo, ya que ellos no saben cómo llegar allá, mientras que un enfoque en el proceso los libera y les permite aprender mejor.

➤ *Hacer preguntas en lugar de apresurarse a dar las respuestas*: los aprendices dinámicos reconocen que decir "no sé" es un buen lugar para comenzar —siempre y cuando pregunten sobre eso que o saben lo más rápido posible.

➤ *Practicar la reflexión y la relajación*: los aprendices dinámicos combaten su urgencia para actuar remplazándola por la certeza de actuar reconociendo que, cuando las cosas se ponen difíciles, la gente tozuda descansa, se toma el tiempo para recargarse y se detiene a pensar.

➤ *Ser uno mismo*: los estudiantes dinámicos no intentan conformarse, sino que están dispuestos a sobresalir.

➤ *Utilizar las fortalezas*: los aprendices dinámicos no se centran en corregir debilidades irrelevantes; más bien, se enfocan en hacer uso de sus puntos fuertes.

➤*Buscar especialización y variedad*: los estudiantes dinámicos construyen un cúmulo de experiencias en forma de T— profundas en un área específica (o en varias) y amplias en otras.

➤*Aprender de los demás*: los aprendices dinámicos reconocen que el aprendizaje no es un ejercicio en solitario.

En los capítulos siguientes, desempaquetaré cada una de estas ideas para ilustrar cómo convertirse en un aprendiz dinámico que no solo se mantiene relevante en medio de este mundo cambiante, sino que también le saca provecho a su entorno y contribuye a moldearlo.

Capítulo 2

¿Por qué no aprendemos del fracaso?

"¡Oh, sí! El pasado duele, sin embargo,
tal y como yo lo veo, tienes dos opciones:
huir o aprender de él".
—**Rafiki (*El Rey León*)**

Los primeros años de Walt Disney en el Medio Oeste incluyeron su despido de un trabajo en un periódico por falta de creatividad, así como su quiebra debido a un acuerdo fallido en la distribución de unos dibujos animados. Después de mudarse a California, y de comenzar una compañía de animación, su personaje estrella, Oswald, the Lucky Rabbit, le fue arrebatado debido a que firmó un contrato muy desventajoso para él. Y además, el distribuidor también contrató a sus animadores. Sin embargo, a pesar de esos fracasos, Disney siguió avanzando y logró crear a su personaje más icónico, Mickey Mouse, para luego lanzar una nueva empresa. (Por lo menos, debió haber algún distribuidor que pensó que un gran ratón de dibujos animados espantaría a los amantes del cine). Todos estos contratiempos llevaron a Disney a evolucionar e innovar sus dibujos animados, sus películas, sus programas de televisión y, en algún momento, también sus parques temáticos.

Pero él es una excepción, pues, la mayoría de las veces, los seres humanos no aprendemos de nuestros fracasos a pesar de que es demasiado obvio que deberíamos. Es ese motivo el que hace que la historia de Thom Crosby, CEO de Pal's Sudden Service, sea tan particular. Es gracias a su experiencia que se hace tan evidente el hecho de que tenemos que aprender aprovechando nuestras fallas al máximo posible.

Lanzamiento de un nuevo producto en Pal's Sudden Service

Crosby revisó el informe de ventas semanal y vio que, tienda tras tienda, las ensaladas estaban por debajo de los objetivos de venta previstos. La única ensalada que despertó ciertas expectativas fue la de hamburguesas con queso. Quizá, ese hecho no debió sorprenderlo, ya que Pal´s, una cadena de 28 restaurantes localizados en Tennessee y Virginia, se especializa en hamburguesas y papas fritas. Y aunque la mayoría de estos restaurantes no ofrece un espacio en el cual los clientes puedan sentarse a comer, la compañía experimentó más de una década de aumentos constantes en las ventas al interior de sus tiendas[1].

La industria de servicio rápido de Pal's evolucionó y se destacó porque los clientes sabían que contarían con que les servirían de manera rápida y fiable una sabrosa comida que hacía parte de un sencillo menú a base de hamburguesas, perros calientes y sándwiches. Durante sus hora más ocupadas del día, Pal's atendía un cliente cada 18 segundos en las ventanillas de su servicio drive in, mientras que los datos mostraban que McDonald's y Taco Bell se tomaban entre 64 y 104 segundos atendiendo a su respectiva clientela. Y además, Pal's se enorgullecía de que *todos y cada uno* de los pedidos que recibía eran despachados sin error alguno. En 2001, su excelente calidad fue reconocida cuando Pal´s se convirtió en la primera empresa en ganar el Premio Nacional a la Calidad Malcolm Baldrige, un prestigioso honor otorgado por el Departamento de Comercio de Estados Unidos.

Sin embargo, Crosby siempre estaba en constante búsqueda tratando de entender de antemano de qué maneras iban cambiando las tendencias de los consumidores y qué se requeriría para que Pal's se ajustara a ellas y siguiera teniendo la misma capacidad de deleitar a sus clientes tan rápido y tan bien como siempre. Una de esas tendencias fue el interés de la gente por una alimentación más saludable. Esto podía verse reflejado tanto en los datos de las encuestas que indicaban un gran interés en la comida rápida tradicional como en la proliferación de nuevos competidores preocupados por la salud de sus consumidores como Chipotle, Panera, Sweetgreen y B. Good. La idea de ofrecer una línea de ensaladas en Pal´s había sido discutida una y otra vez durante muchos años, así que, después de un cuidadoso análisis, Crosby y el comité encargado de nuevos productos de Pal's decidieron que había llegado el momento de ofrecer una alternativa saludable y crearon una nueva línea que incluía varias clases de ensaladas.

Pal's tenía una estructura formal para evaluar el comportamiento de sus productos recién lanzados al mercado. Primero, cada uno tenía que ajustarse al modelo de la compañía en cinco criterios:

Simplicidad. ¿Tiene este nuevo producto cuatro o menos ingredientes para no ralentizar el modelo de producción rápida de Pal's?

➤*Imagen*. ¿El producto es comida "clásica americana"?

➤*Precio y margen*. ¿Se ajusta el precio al presupuesto de los clientes y deja el margen de ganancia adecuado para el modelo de negocio de Pal's?

➤*Cadena de suministro*. ¿Están disponibles los proveedores adecuados?

➤*Recepción del mercado*. ¿Qué tan alta es la probabilidad de que los clientes compren el producto?

Cuando el comité evaluó las ensaladas, su desempeño potencial parecía aceptable, casi sobresaliente. Las ensaladas parecían complejas de producirse y algunas parecían ir más allá de la imagen de marca de Pal's. Sin embargo, Crosby sintió que su potencial era suficiente como para probar el producto en el mercado.

Las pruebas de campo de Pal's comenzaron con un nuevo producto en una tienda. Si el producto parecía prometedor después de varios meses, el pasó a la siguiente etapa era ponerlo a prueba en otras tres tiendas durante seis meses más. El comportamiento en la venta de las ensaladas estuvo otra vez en el lado bajo de aceptable, pero aun así, lo suficientemente intrigante como para que Crosby decidiera continuar con la prueba. Las tres tiendas elegidas incluían una que creía en la idea de las ensaladas, otra que era neutral y otra que se oponía a ellas. Los datos resultantes fueron confusos, ni muy buenos, ni muy malos. El comité recomendó no continuar con la venta de las ensaladas, pero Crosby anuló al comité y lanzó ensaladas a lo largo de la cadena Pal's.

Desde el principio, la respuesta de los clientes fue tibia y, después de semanas de informes insatisfactorios, Crosby admitió que "había quedado claro que nuestros clientes no vienen a Pal's a comer ensaladas", así que dejó de vender el producto[2]. El experimento le costó a Pal's casi medio millón de dólares. Crosby reflexionó sobre su decisión y en todo el proceso de la compañía. "Reconocí públicamente que este descalabro fue responsabilidad mía. Sin embargo, mientras sea legal, moral y éticamente correcto, a cualquiera se le permite cometer cualquier tipo de error, pero que no lo cometa de nuevo; más bien, que aprenda de él. Yo siempre le digo a la gente que en Pal's he recibido una educación que me ha costado un promedio de $6 millones de dólares, a base de mis errores"[3].

Aunque el lanzamiento de la línea de ensaladas resultó ser un fracaso, los lanzamientos posteriores, como la introducción de productos para el desayuno, fueron todo menos un fracaso. El enfoque de aprendizaje de Crosby le permitió a la compañía crecer en ventas y volumen durante más de una década, tanto a nivel de tienda como de cadena. Además, en 2015, Pal's tuvo el ingreso más alto de la industria por pie cuadrado —$1.100 dólares— y su rendimiento sobre los activos, 35%, empequeñeció al de sus competidores.

A menudo, aprender del fracaso es considerado como si fuera una experiencia equivalente a la del Big Bang. Ocurre un fracaso y el "héroe" se da cuenta de lo que salió mal y hace un gran descubrimiento, como sucedió con Marie Curie y el radio. Pero esa no es la norma. Más bien, aprender de verdad del fracaso es un trabajo difícil, doloroso y lento. Además, con bastante frecuencia, trabajamos activamente en contra de nosotros mismos para *no* aprender de cada paso que damos. Es por eso que la historia de las ensaladas de Thom Crosby es tan importante, pues demuestra que sí es posible aprender del fracaso. El progreso no solo ocurre dos pasos hacia adelante y uno hacia atrás, sino que muchas veces ocurre en el lugar en que nos encontramos —o más adelante o en cualquier lado.

Parece innecesario decir que debemos intentar cosas nuevas para aprender. Por supuesto que debemos —si nunca hacemos algo nuevo y diferente, nuestra capacidad para obtener más conocimientos será, en el mejor de los casos, bastante limitada—. Después de obtener mi MBA, pasé tiempo trabajando en una firma de capital de riesgo. Al estar cerca de compañías en etapa inicial, uno no puede evitar el mantra "fracaso rápido". El objetivo de ese consejo no es desperdiciar el dinero de los inversionistas, sino más bien apreciar que es crucial poner a prueba ideas innovadoras para ver qué funciona y qué no. Este pensamiento ha llevado al autor y consultor Tom Peters a sugerir que la estrategia ganadora para las organizaciones es QQIMCG, que significa: "Quienquiera que intente más cosas gana". Probar nuevas ideas y lo más rápido posible te ayuda a ver que hay cosas que creías que eran correctas cuando en realidad eran incorrectas y que, después de todo, ni siquiera sabías nada al respecto. Cuando tenemos una mentalidad abierta a que pueda surgir un fracaso, estamos aceptando que existen nuevas posibilidades de aprendizaje.

Además, el fracaso también nos cambia nuestra forma de actuar. El descubrimiento de que nuestra creencia era errónea modifica nuestra manera de buscar nueva información. Tenemos más probabilidades de ensanchar tanto la amplitud como la profundidad de nuestra investigación: quizá, se nos ocurre hablar con alguien diferente e invertir más tiempo analizando qué fue lo que ocurrió. Dado que el fracaso es, hasta cierto punto, una sorpresa, nos hace cambiar nuestros supuestos. Reflexionamos sobre lo que sucedió y cuál sería la mejor manera de enfrentarlo en el futuro. Después del lanzamiento fallido de la línea de ensaladas en Pal´s, Crosby dio un paso atrás para encontrar qué había salido mal, pues él estaba convencido de que las cambiantes demandas del mercado requerían una respuesta y que las ensaladas la proporcionarían. Sabiendo que no podía volver a cometer el mismo error si iba a practicar lo que predicaba, Crosby pasó un tiempo tratando de comprender cuál fue el verdadero error y reconoció que necesitaba hacer un mejor trabajo escuchando a su comité de nuevos productos, incluso cuando la perspectiva de los miembros difiriera de la suya.

El fracaso también cambia nuestra motivación para actuar. Cuando tenemos éxito, tendemos a mantener el mismo rumbo, y es comprensible, pues tenemos noción de cómo deberíamos actuar. Lo único que sabemos es que alcanzamos nuestras expectativas y pensamos que, por esa razón, no tenemos necesidad de cambiar. Pero cuando nos desempeñamos peor de lo que esperábamos, nos vemos obligados a enfrentar la dura realidad de que algo no está funcionando como esperábamos. Pocos capitalistas de riesgo cuestionan su enfoque de la inversión cuando a sus compañías de cartera les está yendo bien. Pero si su empresa comienza a luchar, o deja de lado las oportunidades de inversión que tenía, es necesario contemplar qué salió mal y cómo mejorar el enfoque en el futuro.

Desafíos con respecto a aprender del fracaso

La razón por la que necesitamos aprender del fracaso es directa: el aprendizaje requiere probar cosas nuevas y, a veces, estas no funcionan como esperábamos. El fracaso crea un poderoso cóctel de aprendizaje al mezclar nuevas ideas con información novedosa y la motivación necesaria para experimentar. Sin embargo, a pesar de ese maravilloso razonamiento, aun así tengo que enseñar sobre cómo aprender del fracaso, dar una charla sobre el tema o incluso entablar una conversación informal al respecto sin tener en cuenta lo mucho que me digan lo duro que es fracasar. Y aunque investigo y enseño sobre cómo aprender del fracaso, yo no soy inmune a él. Una parte regular de mi vida como académico consiste en enviar mis investigaciones a revistas con la esperanza de que las publiquen. Y a menudo, las tasas de aceptación de un artículo están por debajo del 10%, lo cual significa que el rechazo es un hecho común en mi vida. Sin embargo, incluso sabiendo que a veces fallaré, que aprenderé de mis errores y podré mejorar mi investigación antes de enviar mi escrito a otra revista en busca de que me lo publiquen, aun así, sufro un breve escalofrío pavloviano cuando veo un correo electrónico en mi bandeja de entrada que me dirá cuál fue la decisión de alguna revista con respecto a publicarlo.

¿Por qué es tan difícil incorporar el fracaso en nuestro viaje de aprendizaje? Porque un enfoque basado en el éxito conduce tanto al miedo al fracaso como a la incapacidad de ver el fracaso que se produce a nuestro alrededor.

Miedo al fracaso

El miedo al fracaso se conoce como *atychiphobia*. Aunque es probable que pocos lectores requieran de un diagnóstico clínico para detectar este mal, las investigaciones muestran que casi todos experimentamos este tipo de miedo en algún punto del camino[4]. Cuando fallas, lo que esto significa es que algo salió "mal". Y el error es doloroso y lo experimentamos como una vergüenza o con ansiedad. Nuestro cuerpo responde al fracaso como lo haría frente a otras situaciones de alto estrés —la glándula suprarrenal aumenta su producción de la hormona cortisol[5]—. El cortisol crea un impulso de energía cuando el cuerpo necesita luchar contra una intrusión no deseada en su sistema controlado, como en el caso de una enfermedad.

La respuesta al fracaso tiende a asemejarse a la respuesta al dolor físico. Las investigaciones muestran que es bastante probable que las personas que experimentaron un fracaso tiendan a reportar que están sintiendo más dolor —y una menor tolerancia al mismo—

que quienes experimentaron éxito[6]. En una serie de estudios, los participantes presentaron una prueba de inteligencia y luego se les dijo que habían tenido éxito o fallado. Sin embargo, esta retroalimentación fue aleatoria y no estaba ligada a los verdaderos resultados de quienes presentaron la prueba. A los miembros de un grupo se les dijo que habían acertado en el 90% de las preguntas, generando en ellos la sensación de éxito. A los del otro grupo se les dijo que habían acertado en tan solo el 20% de las preguntas y, como es obvio, su sentimiento fue de fracaso. Después de la retroalimentación, cada participante colocó una mano en un cubo de agua helada. Aquellos en la condición de fracaso reportaron un dolor más agudo y sacaron las manos mucho más rápido que aquellos en estado de éxito.

Así como el fracaso en la realización de tareas es doloroso, el fracaso en situaciones sociales también lo es. Ethan Kross, sicólogo de la Universidad de Michigan, junto con sus colegas, les mostraron a los participantes fotos de parejas románticas que habían roto con ellos hacía poco tiempo y además les colocaron un objeto muy caliente en sus antebrazos[7]. Utilizando imágenes de resonancia magnética funcional que capturan la actividad en el cerebro, los investigadores encontraron que las dos experiencias activaron partes similares del cerebro (siendo preciso, la corteza somato sensorial secundaria y la ínsula posterior dorsal).

Quizás, en ningún aspecto sea más claro el miedo (y el dolor) al fracaso que en nuestra vida laboral. En la mayoría de las organizaciones, el fracaso es considerado como un asunto serio que, además de ser percibido como un hecho grave que trae consigo el dolor de algunas variaciones organizativas —la asignación de un presupuesto más bajo, no ser tenido en cuenta a la hora de una promoción, tener que soportar comentarios mordaces por parte del jefe y enfrentar un futuro en medio de mucha incertidumbre—, pues corremos el riesgo de perder el apoyo de quienes necesitamos para progresar en nuestra carrera.

El trabajo de Amy Edmondson, de Harvard Business School, destaca cuán debilitante suele ser el miedo al fracaso al interior de las organizaciones[8]. Tuve la suerte de tomar con ella la asignatura de métodos de investigación de campo en mi primer año como estudiante de doctorado y una de sus observaciones clave fue que, al estudiar un nuevo tema, un investigador necesita estar preparado para enfrentar el fracaso y continuar investigando al respecto con mayor obstinación que al comienzo. Sin embargo, debido a que el fracaso significa que una suposición es incorrecta, siempre debemos revisar y evaluar si uno está equivocado de alguna manera interesante. El ejemplo perfecto es el mismo trabajo innovador de Edmondson mediante el cual ella ha explorado sobre cómo las organizaciones pueden crear entornos en los que sea seguro fallar. La manera en que ella terminó vinculada a ese tema es bastante ilustrativa.

En un estudio inicial, Edmondson trató de correlacionar las conductas de liderazgo con los errores de enfermería —una idea razonablemente simple que le sirvió para iniciarse de manera excelente como joven investigadora—. Edmondson usó escalas reconocidas y les pidió a las enfermeras que contestaran unas encuestas sobre las buenas prácticas de sus líderes. ¿Tuvieron ellas algún tipo de orientación? ¿Las entrenaron? Etcétera. También recogió datos sobre la detección de errores. Después de aclarar y organizar los datos, ejecutó sus modelos de regresión para ver cómo se correlacionaban las variables. Ahora, nos gustaría creer que los equipos conformados por buenos líderes cometen menos errores. Si eso es cierto, la regresión debería haber mostrado un coeficiente negativo. Sin embargo, cuando Edmondson ejecutó el modelo, volvió con un coeficiente positivo. Los equipos de enfermería con líderes "mejores" cometieron *más* errores. ¿Por qué? Bueno, tal vez se haya cometido un error en la codificación de los datos. Hablando desde mi propia experiencia, sé que ese tipo de falla es, simplemente, un error. También es posible aprender mediante el manejo y la preparación de datos, pero no mediante una idea de interés.

En el caso de Edmondson, no se había cometido tal error. La relación era precisa. La explicación sería demasiado familiar para la mayoría de los lectores: los errores en el cuidado de la salud requieren que, por lo general, el mismo individuo que cometió el error sea quien lo reporte. Si un paciente tiene una reacción adversa grave o muere, el error puede identificarse con total claridad. Pero mucho más a menudo, es la enfermera quien debe admitir que ocurrió un error. Tal vez, olvidó hacer algo como lavarse las manos; o colocó el medicamento equivocado junto a la cama, pero logró recuperarlo antes de que el paciente lo ingiriera; o hizo un ajuste incorrecto en un goteo IV, pero fue corregido por otro cuidador. Los buenos líderes reconocieron que barrer esas cosas debajo de la alfombra no creaba un ambiente más seguro. Solo si se ponen sobre la mesa los desafíos, será posible aprender y mejorar.

Cómo contribuimos al miedo al fracaso

Hasta ahora, parece bastante razonable estar, por lo menos, nervioso frente a un fracaso incluso si es grande, vergonzoso, causa un dolor real y quizá seas despedido—. Pero también sabemos, como ha dicho Mark Zuckerberg, el CEO de Facebook, que "en un mundo que está cambiando a una gran velocidad, la única estrategia que garantiza no fallar es no tomar riesgos".

Una de las razones por las cuales tememos correr riesgos es porque hacemos demasiado énfasis en los posibles resultados negativos. La posibilidad de experimentar una pérdida puede llegar a detenernos en nuestras pistas. La investigación sugiere que, para que nos decidamos a actuar, la posible ganancia debe ser el doble del riesgo[9]. En otras palabras, si el riesgo es perder $100 dólares, queremos que la posible ganancia sea de $200. La cantidad exacta requerida para incentivar la participación varía, pero piensa por un segundo lo que esta fórmula implica. Supongamos que el lanzamiento de una moneda al aire decidirá el resultado. Entonces, en realidad, estarías invirtiendo $100 dólares para una probabilidad del 50% en $300 y una probabilidad del 50% en $0. Eso equivale a un rendimiento esperado del 50%. Por menos que eso, muchas personas dirán que no, gracias. Desafortunadamente, esto puede ser debilitante. ¿Cuántas de las decisiones que tomamos hacen avanzar nuestra causa en un 50% de una sola vez? Si no confías en condiciones ventajosas extravagantes para ayudarte en tu viaje de aprendizaje, ¿qué puedes hacer?

Bien podrías comenzar entendiendo que, a pesar del temor a fallar, las personas en realidad sobreestiman su sufrimiento futuro (conocido como *sesgo de impacto*)[10]. Si tu mamá era como la mía, siempre insistiendo en que las cosas no serían tan malas como parecían, las dos tenían razón. Las investigaciones muestran que las personas son incapaces de predecir la intensidad o la duración de sus sentimientos después de un evento negativo como fallar en una tarea, perder un trabajo, presentar una entrevista, reprobar una evaluación o ser abandonados por alguien muy importante en nuestra vida[11].

Por ejemplo, cuando los sicólogos les ofrecieron a ciertos individuos una apuesta con un 50% de posibilidades de ganar $5 dólares y un 50% de probabilidades de perder $3, la mayoría rechazó la oportunidad[12]. La razón que dieron acerca de esa decisión fue que ellos pensaron que el dolor de la pérdida sería mucho mayor que el placer de la victoria. De hecho, los investigadores encontraron que el grado de felicidad reportado en el grupo ganador coincidía con el grado de infelicidad reportado en el grupo perdedor.

¿Por qué las cosas no resultan ser tan malas como tememos que lo sean? Primero, porque cuando consideramos el futuro, tendemos a identificar los malos resultados posibles con mayor facilidad que los buenos[13]. La investigación destaca la frecuencia con la que los malos vencen a los buenos. Anticipar malas posibilidades provoca más miedo y el ciclo de inacción continúa. Cuando nos enfrentamos a la incertidumbre, subestimamos los beneficios del aprendizaje que podrían surgir a partir del fracaso. Por ejemplo, cuando Pfizer estaba desarrollando su medicamento UK-92480, los científicos de la compañía esperaban poder aliviar los espasmos en las arterias coronarias que causaban dolor en el pecho. Los ensayos fueron un fracaso, pero los investigadores descubrieron un efecto secundario: los pacientes que tomaron el medicamento experimentaron un aumento significativo en su interés por la actividad sexual y el medicamento se convirtió en un éxito taquillero de $1.000 millones de dólares: el viagra. No todos los fracasos generarán tales efectos secundarios lucrativos, pero intentar comprender tanto los desafíos como los beneficios de tomar riesgos es importante para el aprendizaje.

También sobreestimamos los efectos negativos del fracaso porque no reconocemos que este es una parte normal de la vida. Las investigaciones sicológicas muestran que, por lo general, realizamos cuatro pasos en respuesta a los malos resultados: atención, reacción, explicación y adaptación[14]. Primero, cuando fallamos, es probable que lo notemos. No es sorprendente que la investigación nos diga que los eventos inesperados tienen más probabilidades de llamar nuestra atención que los esperados, y el fracaso es, por definición, inesperado. En segundo lugar, respondemos al evento. En el caso de un fracaso, la respuesta suele ser negativa: sorpresa, conmoción, vergüenza, miedo. Este es el paso en el que nos centramos antes de arriesgarnos y el hecho de anticiparnos podría llegar a paralizarnos. Sin embargo, no nos detenemos allí.

Es al pasar al tercer paso, la explicación, que se produce el aprendizaje. Cuando tratamos de entender lo que sucedió, podemos ver la falla en nuestro modelo anterior del mundo. En este paso, comenzamos a buscar nueva información y también cambiamos el proceso por el cual la buscamos. En el paso final, nos adaptamos a la nueva información que hemos descubierto. La adaptación puede ser tanto un proceso emocional como cognitivo. Si entendemos por qué fallamos y cómo la comprensión de esa falla nos ayudaría a avanzar, logramos estabilizar las emociones que experimentamos en nuestra reacción.

Al comenzar a apreciar que el fracaso no fue tan malo como esperábamos, y que nos permite aprender, es fácil pasar del dolor a la alegría. Además, los cambios cognitivos ocurren a medida que implementamos nuevos comportamientos aprendidos. Cuando funcionan de manera efectiva, nuestros cuerpos tienen un mecanismo de defensa de falla incorporado. Al igual que el sistema inmunológico, ese sistema de falla responde a amenazas externas, al menos, metafóricamente. Cuando estamos en nuestro mejor momento, estas amenazas inicialmente desestabilizadoras se enfocan en nuestra atención, conducen a una reacción, dan lugar a una explicación y arrojan como resultado la adaptación —todo esto, con el resultado que aprendemos.

Incapacidad para ver el fracaso que ocurre a nuestro alrededor

Hacer comparaciones entre el sistema de fallas y el sistema inmunológico es válido no solo porque ambos sistemas conllevan a un mejor bienestar, sino también porque, por desgracia, los dos son propensos a descomponerse. Una amplia gama de enfermedades descritas como autoinmunes ocurren cuando el sistema inmunológico confunde las células sanas con organismos invasores y trata de exterminarlas. Entre los ejemplos que podríamos citar para ilustrar este fenómeno está la artritis reumatoide, enfermedad en la que las células inmunes producen una sustancia química llamada sinovial la cual causa inflamación en los tejidos que rodean a las articulaciones; también está la Enfermedad de Graves, que se genera debido a que los anticuerpos hacen que la tiroides crezca y produzca cantidades descomunales de hormona tiroidea; otro ejemplo es el Síndrome de Guillain-Barré, que aparece cuando el sistema inmunológico ataca al sistema nervioso central del cuerpo haciendo que los músculos lleguen a volverse inutilizables casi por completo.

En este sentido, la ciencia médica todavía está haciendo todo lo posible para lograr entender qué es lo que hace que el cuerpo se ataque sí mismo. Por fortuna, la ciencia del comportamiento ha identificado las causas de la dificultad con el sistema de fallas. Y así como el miedo al fracaso puede impedirte intentar nuevas experiencias, también puede llevarte a un estado de negación frente al fracaso, así haya evidencia suficiente de ello. No es de sorprendernos este instinto de autoconservación, pero es innegable que es contraproducente para el aprendizaje, dado que, de maneras predecibles, nos negamos a utilizar la información a la que podríamos acceder a través del fracaso. Y en lugar de contribuir con el proceso de aprendizaje, los pasos de explicación y adaptación tienden a interponerse, pues analizamos y culpamos de manera incorrecta. Además, con frecuencia ajustamos nuestros estándares y nos convencemos a nosotros mismos de que no se produjo ningún fracaso en lugar de adaptarnos emocionalmente a él.

Para entender las cosas que suceden a nuestro alrededor, buscamos asignar responsabilidad causal[15]. Deseamos decir *por qué* sucedieron determinadas cosas. Esta es una parte vital del aprendizaje, porque si entendemos el *porqué*, podremos adaptarnos para mejorar nuestras acciones futuras. Sin embargo, experimentamos desafíos cada vez que intentamos atribuirle un efecto a una causa. Como dijo Richard Feynman, el físico ganador del Premio Nobel: "El principio fundamental es que no debes engañarte a ti mismo —aunque en realidad tú eres la persona más fácil de engañar—. Así que debes tener mucho cuidado con eso"[16]. Los eventos que ocurren a nuestro alrededor son producto tanto de las acciones del individuo (como la preparación para una gran reunión de ventas o el uso de la creatividad en una presentación) como de la situación (el nuevo producto de un competidor satisface mejor una necesidad de los consumidores o el competidor se abasteció de un producto en cantidades tan grandes, que el cliente no tiene más remedio que comprárselo).

Las investigaciones han etiquetado nuestra dificultad para atribuir la causa y el efecto como *error de atribución fundamental*[17]. En un estudio clásico, los investigadores modificaron la iluminación en una cancha de baloncesto y les pidieron a los jugadores que lanzaran tiros libres. Los jugadores que fueron asignados al azar para lanzar al lado más tenue de la cancha fueron considerados como menos competentes que los asignados al lado bien iluminado[18]. En otras palabras, los evaluadores fallaron al no tener en cuenta el grado de dificultad (la situación) de los jugadores y les atribuyeron a ellos toda la responsabilidad.

Observamos ese mismo tipo de desafíos en numerosos entornos. Por ejemplo, como analista de banca de inversión, ayudé en el proceso de reclutamiento de la firma en mi alma mater. Una de nuestras primeras pautas para seleccionar a los candidatos era su promedio de calificaciones. Cualquier calificación muy por debajo de 4.0 significaba el rechazo del candidato. Siendo yo el único del grupo graduado en ingeniería, con mucha frecuencia tenía que recordarle a los otros evaluadores que nuestros solicitantes de ingeniería estaban en un programa con un promedio de calificaciones más bajo y por lo tanto deberíamos tener en cuenta no solo el pensum académico del programa, sino los cursos tomados. La investigación respalda mi experiencia y muestra que la gente le atribuye altas calificaciones al talento aun a sabiendas de que esas calificaciones son el resultado de un sistema de calificaciones inflado[19].

Desde el punto de vista del aprendizaje, la atribución errónea genera un desafío innecesario. Si no entiendes de manera acertada si un individuo o una situación fueron los responsables directos de un resultado, cualquier solución resultaría inapropiada. El problema se vuelve aún más complejo cuando el fracaso entra en escena. La sicología resalta el hecho de que hacemos una gran diferenciación cuando evaluamos nuestro propio fracaso versus el fracaso de los demás[20]. Al analizar el nuestro, a menudo le damos demasiado valor a aspectos como la suerte o la dificultad de la tarea que nos fue asignada y ponderamos nuestras capacidades y nuestros esfuerzos. (Por lo general, hacemos todo lo opuesto al evaluar a otros). Esta actitud innata a lo que tiende es a crear una especie de protección de la psique: "No fue mi culpa, fue tan difícil que nadie lo habría logrado" o "Con este producto hay que tener suerte; a veces, los clientes no quieren comprarlo". Pero esa protección obstaculiza nuestro aprendizaje. Además, cuando les asignamos la responsabilidad de nuestro fracaso a eventos externos, ejercemos un impacto negativo en nuestra motivación para tratar de aprender. Si la cuestión fue que tuvimos mala suerte, ¿para qué tratar de aprender de esa experiencia si no fue responsabilidad nuestra, sino de la suerte?

Una investigación que realicé al respecto junto con Diwas KC y Francesca Gino mostró este desafío en acción en medio del acelerado ritmo del área de cirugía cardíaca[21]. Es indudable que los cirujanos cardíacos han logrado incrementar significativamente la esperanza de vida de los pacientes gracias a su capacidad para reparar o remplazar las válvulas cardíacas, puentear las arterias coronarias y, en términos generales, logran reparar los daños ocurridos en el sistema cardiovascular de sus pacientes. Sin embargo, por desgracia, todavía sigue habiendo pacientes que mueren durante su intervención cardíaca. En nuestro estudio tratamos de determinar si los cirujanos aprendían más de sus propios errores que de los errores de otros. El estudio arrojó como resultado que ellos tendieron a atribuirles sus propios errores a la mala suerte o a que se trataba de un caso imposible en el que no hubo manera de salvar al paciente, mientras que los errores de otros se los atribuyeron a una falta de habilidad o de esfuerzo frente a una gran oportunidad para aprender. Nuestro análisis de diez años basado en datos generados durante el seguimiento a siete cirujanos reveló no solo que, en promedio, ellos aprendieron más del fracaso de otros que de sus propios fracasos, sino que además, sus propios fracasos los condujeron a un peor desempeño futuro.

Para profundizar más en este tema, pero en otro contexto, Francesca Gino y yo, junto con Chris Myers, nos dimos a la tarea de analizar cómo funciona el proceso de atribución en la gente[22]. Para esto, llevamos a cabo una serie de ejercicios de toma de decisiones con un grupo de profesionales en el campo de la educación universitaria. En el primer ejercicio, que fue en línea, a los participantes se les retuvo información importante a la hora de la toma de decisión, pero era posible obtenerla haciendo clic en un enlace. Después de completar el ejercicio, los participantes realizaron una encuesta que incluía preguntas sobre el ejercicio. Sus respuestas iban desde culpar a la situación por la falla ("Me ocultaron información") a aceptar la responsabilidad ("Pasé por alto una información clave"). Encontramos que en el segundo ejercicio, aquellos que se atribuyeron su fracaso en el primer ejercicio eran mucho más propensos a aprender y a funcionar mejor que los que no lo reconocieron.

Un segundo problema surge cuando no reconocemos el fracaso. Si bien este conlleva a la superación personal, el deseo de proteger nuestra autoimagen se interpone con frecuencia en el camino[23]. Debido a que el fracaso es amenazador, tratamos de minimizar las posibilidades de que ocurra. Después de un fracaso, podemos hacer que nuestro desempeño sea diferente al inicial, es decir, hacer una comparación relativa y no absoluta entre un antes y un después o incluso cambiar el resultado de tal manera que el resultado final sea que ya no fallemos en absoluto —y no que, simplemente, cumplimos con las expectativas.

Mi experiencia en Física de primer año es un excelente ejemplo de este desafío. Habiendo sobresalido en la escuela secundaria, esperaba obtener los mismos resultados en la universidad. Me veía a mí mismo como uno de los mejores estudiantes, como un chico que se esforzaba apenas lo suficiente, pero era capaz de sobrevivir manteniendo su intelecto en bruto (ah, la ingenuidad de la juventud). Sin embargo, el Programa de Honores de la Facultad de Ingeniería en UT-Austin me abrió los ojos, aunque me tomó tiempo abrirlos. Como típico joven de 18 años, esperé ansiosamente el primer examen de física, pues esa era una prueba para la que me sentía muy bien preparado. El número marcado en mi examen, 27, confirmó mis peores temores. Mientras meditaba sobre mi futuro en la carrera de ingeniería, y teniendo en cuenta que si todo lo que pensaba de mí mismo era erróneo, el profesor se dirigió al tablero y escribió el promedio para la clase —un número varios puntos por debajo de 27.

Siendo objetivo, mi resultado estaba por encima del promedio requerido, pero, al mismo tiempo, mi rendimiento indicaba una grave falta de conocimientos en Física. Mis habilidades para tomar el examen fueron tales, que logré obtener suficiente crédito parcial, aunque entendí muy poco su contenido. Desafortunadamente, el cambio a una medida relativa del nivel de rendimiento me permitió juzgar mi propio rendimiento como adecuado, pero evitando el arduo trabajo de aprender de verdad sobre la materia[24].

No solo hacemos un giro hacia hacer comparaciones relativas para evitar el dolor del fracaso, sino que incluso tendemos a cambiar la medida con la que evaluamos el resultado en el cual nos enfocamos. Por ejemplo, después de obtener una clasificación inferior a la esperada, algunas escuelas de negocios centraron su atención en otras dimensiones del desempeño que no se utilizaron en las clasificaciones, como la cultura empresarial[25]. Pino Audia y Sebastien Brion, en Tuck Business School y en IESE Business School respectivamente, realizaron un trabajo que muestra que, cuando el desempeño inicial es inferior al esperado, los tomadores de decisiones, tanto en el laboratorio como en el campo, desvían su atención hacia un desempeño secundario cuya medición resulte más favorable, por ejemplo, la rentabilidad en lugar del crecimiento de ingresos[26].

Paul Green, Francesca Gino y yo vimos que ocurrió lo mismo cuando analizamos el proceso anual de evaluación de los trabajadores de una compañía[27]. La compañía adoptó un enfoque bastante estándar de 360 grados. Primero, cada empleado hizo su autoevaluación del año; luego, sus evaluadores le daban retroalimentación sobre su desempeño. Era de dominio público saber quiénes les harían la retroalimentación y los empleados tenían cierta libertad con respecto a elegir a quién solicitársela.

En teoría, el proceso les ayudaba a los trabajadores a que ellos mismos identificaran cuáles eran las áreas en las que cada uno de ellos necesitaba mejorar —las cuales otros veían como problemas, en comparación con lo que pensaba cada empleado con respecto a sí mismo—. Sin embargo, el proceso no fue tan simple. Al analizar los datos de cuatro años y las casi 6.000 revisiones, encontramos que, en lugar de aprovechar la oportunidad de aprendizaje que les brindaba el fracaso, los empleados la evitaron. Después que recibían una evaluación que les resultaba inferior a la que ellos hicieron de sí mismos, era más probable que los empleados desdeñaran la retroalimentación negativa de su evaluador en la próxima evaluación de 360 grados. Y lo que es peor, esta actitud los llevó a un rendimiento más bajo al siguiente año.

En conclusión, las personas no solo prefieren desentenderse de los resultados de su rendimiento y negar que sufrieron un fracaso, sino que además son propensas a ir en contra de los hechos. Un desafío constante en el aprendizaje es la tendencia del ser humano a evaluar lo que *podría* haber sucedido. Cuando un entrenador pierde un juego, quizá prefiere llamarlo "una victoria moral" argumentando que se esperaba un fracaso mucho mayor. La investigación sicológica muestra que las comparaciones contrafactuales y en relación con la posibilidad de haber obtenido resultados menores nos ayudan a sentirnos mejor acerca de nosotros mismos[28]. Y aún más, pueden llegar a ser bastante precisas: "Tal vez, la compañía *habría* estado peor si no hubiera lanzado ese nuevo producto". Desafortunadamente, también es bastante posible que "el nuevo producto fuera una mala idea para el mercado" o que "canibalizara un producto ya existente cuyo margen de ganancia fuera mayor". Todo esto indica que, al hacer la comparación sin intentar comprender el *porqué* de lo que sucedió, nos privamos de la oportunidad de aprender.

Aprendiendo exitosamente del fracaso

Aunque lo hacemos a nuestra manera, es posible superar nuestras limitaciones cuando se trata del fracaso y el aprendizaje. El primer paso es desestigmatizar el fracaso admitiendo que, aunque es una posibilidad distinta, no evitará que intentes cosas nuevas.

Una forma de desestigmatizar el fracaso es sacando a la luz las luchas. Las investigaciones muestran que al compartirlas con otros es muy probable que el rendimiento mejore. Xiaodong Lin-Siegler y sus colegas realizaron un experimento de campo entre un grupo de estudiantes de secundaria en Nueva York[29]. Un grupo de control les leyó sobre los logros de grandes científicos, como Albert Einstein y Marie Curie. Un grupo experimental les leyó sobre las dificultades técnicas de los científicos (Curie, por ejemplo, soportó un experimento fallido tras otro) y un segundo grupo experimental les leyó sobre sus dificultades personales (Einstein, siendo judío, tuvo que huir de la Alemania nazi). Al final de un período de calificación de seis semanas, los dos grupos experimentales superaron al grupo de control y los estudiantes que antes presentaban bajo rendimiento, ahora mostraban un rendimiento muy superior. Hablar de los fracasos, tanto de los nuestros como de los demás, nos permite normalizar nuestra conducta de aprendizaje.

Hablar con transparencia sobre el fracaso nos ayuda a reconocer que todos fallamos[30]. Sin embargo, aceptarlo no es lo mismo que animarte a fracasar irresponsablemente. Thom Crosby exigió responsabilidad de los demás y de sí mismo: "Mientras sea legal, moral y éticamente correcto, a cualquiera se le permite *un* error de cualquier tipo; lo esencial es que no lo cometa de nuevo [la cursiva es mía]".

Desestigmatizar el fracaso también significa cambiar tu forma de pensar con respecto a actuar versus no actuar. Somos reacios a la pérdida y el fracaso siempre trae consigo esa posibilidad. Sin embargo, en lugar de considerar la seguridad del *statu quo* y el riesgo de hacer las cosas de manera diferente, considera el riesgo subyacente en el *statu quo* y la seguridad que obtienes al aprender cosas nuevas. Así que, identificar las incertidumbres que conlleva el hecho de no aprender, junto con los muchos beneficios que obtendrás al probar nuevas actividades, es un requisito absoluto. Ed Catmull, cofundador de Pixar, lo resume muy bien en su libro, *Creativity, Inc.*: "Los fracasos son un mal necesario. No son malos en absoluto. Son una consecuencia inevitable de hacer algo nuevo (y, como tal, debemos considerarlos valiosos; sin ellos no tendríamos la posibilidad de ser originales). Y sin embargo, aunque digo que aceptar el fracaso es una parte importante del aprendizaje, también reconozco que no es suficiente con admitir esta verdad. Lo que ocurre es que el fracaso es doloroso y nuestros sentimientos con respecto a tener que enfrentarlo tienden a arruinar nuestra comprensión de su valor. Por esta razón, para comprender sus aspectos positivos y negativos, debemos reconocer tanto la realidad del dolor como el beneficio del crecimiento resultantes de haber fracasado"[31].

Una forma de lograrlo es pensando en tu futuro yo. ¿Cuáles son las consecuencias de no intentar cosas nuevas? A esto, yo lo llamo la prueba de revisión anual. Si en un año, el entorno ha cambiado (y puedes estar seguro de que sí), ¿qué fue lo que hiciste para mejorar tanto tú como tus prospectos? ¿De qué te arrepientes por *no* haberlo intentado? En el ejemplo anterior de la revisión de desempeño, ¿los trabajadores que tomaron la prueba de revisión anual se arrepentirían de no haber tenido en cuenta la retroalimentación así fuera negativa? ¿O comprenderían que el desafío de aprendizaje al cual se enfrentaban consistía en cambiar el resultado de su próxima retroalimentación mejorando su nivel de desempeño a lo largo del siguiente año?

Además de desestigmatizar el fracaso, úsalo con mayor eficacia cuando ocurra —es decir, da el paso de "explicarlo"—. Es posible mejorar la probabilidad de aprender del fracaso de varias maneras. Una es buscando la forma de eliminar la ambigüedad o las excusas. Chris Myers, Francesca Gino y yo exploramos si las circunstancias podrían alentar a las personas a autoasignarse responsabilidades. Para esto, seleccionamos a unas cuantas y les asignamos una tarea que consistía en escanear una "muestra" de glóbulos rojos analizada profesionalmente para buscar en ella posibles anomalías; en este caso, debían identificar cuerpos de Howell-Jolly. Terminado su análisis, a algunas se les dijo que habían tenido éxito y a otras, que fallaron, pero además, a la mitad se le dijo que las imágenes no siempre aparecieron claramente en el navegador de internet que usaron. El resultado del ejercicio fue que aquellas a quienes se les dijo esto último comenzaron a culpar a agentes externos (el navegador defectuoso) de su bajo desempeño y ya después, no lograron mejorarlo.

Cuando establezcas metas para ti mismo, pídele a alguien que te ayude a responsabilizarte de ellas —tu cónyuge, un amigo, un compañero de trabajo o incluso un servicio externo como stickK.com[32]—. Establecer una meta aumenta tus probabilidades de lograrla, pero necesitas especificar qué hará que la alcances e incluso buscar a alguien que evalúe tu desempeño para así no perderte de cuanta oportunidad de mejorar se te presente.

Por último, los datos son una herramienta poderosa para evitar autoengaños. Como escribió Ed Catmull: "Los datos suelen mostrar las cosas de manera neutral, lo cual promueve las posibilidades de discusión y pone a prueba las suposiciones que surgen de las impresiones personales"[33]. El enfoque de Intermountain Healthcare en cuanto a los datos y el fracaso es instructivo[34]. Intermountain es líder en brindar atención médica de alta calidad, en parte, debido a su uso de procesos estándar. Sin embargo, si lo consideran conveniente, sus médicos son libres de desalinearse de esos procesos, lo cual sugiere que estos no se ajustaron a la situación o que el médico no entendió que, de hecho, sí se ajustaron. Cuando un médico se desvía de algún proceso dado, los encargados del análisis de datos le presentan los resultados con el fin de analizar qué fue lo que sucedió. La oportunidad de aprendizaje allí es inmensa. Es difícil argumentar en contra de lo evidente de la eficacia de un tratamiento. Si el médico ha encontrado un mejor proceso, también se pueden usar esos datos para explorar ese nuevo resultado.

Nuestro enfoque en el éxito es poderoso, pero no insuperable. Para superarlo y aprender del fracaso, debes comenzar por reconocer que el fracaso no suele ser tan malo como crees que es. Además, cuando fracases, no permitas que la oportunidad de aprendizaje se te escape atribuyéndoselo a eventos externos o negando que el fracaso realmente ocurrió. Para aprender, recuerda que "el éxito consiste en ir de fracaso en fracaso sin perder el entusiasmo"[35].

Capítulo 3

Para aprender, enfócate en el proceso y no en los resultados

"La sociedad de hoy quiere saltarse el proceso. Odio eso.
Haz bien las pequeñas cosas y alcanzarás grandes metas".
—Tom Izzo

Tengo tres hijos que, al menos por el momento, aman el béisbol (al igual que su padre, como lo demuestran mis frecuentes ejemplos relacionados con este deporte a lo largo del libro) y cuento con la suerte de ayudar en el entrenamiento de cada uno de sus equipos, aunque pronto sus habilidades y conocimientos en el tema superarán los míos. Hace poco, mi hijo mayor, llegó a *home* con las bases llenas y una fuera contra un lanzador muy fuerte, pero irracional. La mayor parte del equipo estaba ponchando o caminando. Mi hijo hizo un lanzamiento, pero la bola fue directo al campocorto, quien la lanzó en un salto y, dado lo difícil que era batear, fácilmente convirtió una doble jugada de la segunda base a la primera base.

La respuesta de mi hijo no fue aceptar a regañadientes que había hecho todo bien y que fue cuestión de mala suerte. Más bien, fue: "Papá, hasta el beisbolista más lento habría anotado una carrera". Por supuesto, ningún entrenador le diría a ninguno de sus jugadores que hizo un gran partido cuando su performance fue bajo, ni culparía a la mala suerte de un resultado mediocre. Sin embargo, después de ver lo que sucedió, eso es preciso lo que mi hijo estaba deseando. Cuando evalúan su desempeño en un juego, mis hijos tienden a pensar qué tan bien jugaron dependiendo de si ganaron o no (teniendo en cuenta los resultados) y no en qué tan difícil haya sido batear, ni hasta dónde fueron capaces de mandar la bola (medición más precisa del proceso).

Lamentablemente, su tendencia no es infrecuente. La mayoría de las veces, aunque sabemos que el aprendizaje requiere de la evaluación del proceso que utilizamos para obtener un resultado, nos centramos en este último. Sin embargo, ese no es el enfoque que adopta Robert Booth, así que es muy interesante aprender de él que un enfoque centrado en el proceso conlleva al aprendizaje.

El enfoque en el proceso de una cirugía ortopédica

Cuando Robert Booth comenzó su carrera como cirujano ortopédico en la década de 1970, practicaba su profesión como muchos otros ortopedistas[1]. Realizaba procedimientos como remplazos de cadera y rodilla y artroscopias; además, les brindaba atención no quirúrgica a ciertas afecciones ortopédicas. Sin embargo, con el paso del tiempo, Booth comenzó a darse cuenta de que, si en realidad quería optimizar la calidad de los resultados de sus pacientes, necesitaba adquirir una comprensión completa de todo el proceso de atención, desde las consultas iniciales hasta la cirugía y la recuperación, así que decidió enfocarse, primero, en los remplazos de rodilla y cadera y, por último, solo en los remplazos totales de rodilla, aumentando así la cantidad de cirugías de ese tipo. Y a medida que fue familiarizándose cada vez más con ese procedimiento específico, logró identificar ciertas áreas que requerían cierto grado de perfeccionamiento.

Con el fin de lograr los mejores resultados para sus pacientes, el modelo de Booth se centraba en operarlos lo más rápido posible. Al respecto, escribió: "Una vez escuché que se decía que hay tres tipos de cirujanos: rápidos y buenos; rápidos y malos; y lentos y malos, —pero no hay cirujanos lentos y buenos—. Claramente, es prioritario tener la capacidad de operar de manera rápida y eficiente. En algunos centros, el tiempo operatorio promedio para una artroplastia total de rodilla (ATR) es <30 minutos. Si observaras un procedimiento de este tipo, en lo que debes concentrarte es en el *proceso*, no en la prótesis… Cuanto más eficientes nos volvemos, más estudiamos ese *proceso*, más habilidades desarrollamos y mejores resultados obtenemos [yo agregué las cursivas]"[2]. Para lograr un modelo eficiente y efectivo, Booth utilizó y mejoró continuamente un proceso enfocado en la atención al paciente como parte crucial de sus consultas.

Booth introdujo una serie de cambios en comparación con otras prácticas ortopédicas. Para la atención preoperatoria, sus propuestas innovadoras iban desde las más sencillas (por ejemplo, llamar él mismo a sus pacientes la noche anterior a sus procedimientos para calmar sus temores y disminuir la tasa de no presentación a la intervención) a las más complejas: hacer los arreglos necesarios para que el hospital en el que estaba trabajando le proveyera un espacio de atención en el cual su equipo no solo pudiera hacer un mejor trabajo, sino que además le garantizara no ser interrumpido por otros médicos menos centrados en los procesos. Booth estandarizó infinidad de cambios, desde cada paso dado durante cada procedimiento hasta el uso de las radiografías de pie en lugar de las horizontales con el fin de obtener la vista exacta de la rodilla que él necesitaba observar.

Tanto él como su equipo les prestaban atención a aspectos del proceso que otros cirujanos a menudo no tenían en cuenta. Cada año, analizaban los equipos de instrumentación quirúrgica que usaban y retiraban aquellos que estuvieran siendo utilizados con poca frecuencia. Así, ahorraban tiempo y dinero en esterilización y tenían más espacio disponible en el quirófano. Sin embargo, mantenían esterilizados en la sala de operaciones los equipos retirados para que sirvieran de apoyo en caso de necesitarlos.

Booth también centró su atención en los miembros del personal a cargo de los equipos de esterilización. A menudo, ellos se encontraban entre los empleados con los salarios más bajos de la nómina del hospital, pero él supo resaltar que si no fuera por su trabajo, él no podría operar, así que decidió llevarlos al quirófano para mostrarles la importancia de su labor; además, organizaba competencias entre ellos y quienes mejor hicieran su trabajo obtendrían boletos para asistir a eventos deportivos locales. Finalmente, para coordinar todo el proceso, Booth programaba reuniones semanales con el personal no solo con el fin de organizar la logística de la semana siguiente, sino también para mostrarles qué oportunidades tenían para incrementar su nivel de rendimiento laboral.

Además, llevó su enfoque en el proceso a la sala de operaciones. Con el tiempo, observó que la anestesia epidural era la que mejor contribuía al manejo del dolor durante y después de las intervenciones quirúrgicas de rodilla. Y como era obvio que tomaba más tiempo en hacer efecto y que era más complejo usarla, decidió servir de mediador entre los anestesiólogos y el hospital con el fin de asegurarles un espacio adicional cerca.

Para mejorar la eficiencia de cada procedimiento, Booth siempre trabajaba con el mismo equipo de enfermeras quirúrgicas, pues ellas ya sabían lo que él necesitaba y cuándo. También usaba un solo proveedor de las prótesis y, aunque esa decisión significaba que en ocasiones un dispositivo podría no estar perfectamente adaptado a cada paciente, por lo general, los ajustes del dispositivo al paciente eran fácilmente solucionables. Este enfoque le ayudaba a recibir atención adicional por parte del proveedor y a conocer las complejidades de las prótesis. Además, le daba la posibilidad de hacer sugerencias e innovaciones con respecto a todas y cada una de ellas obteniendo como resultado mayor calidad en beneficio de sus pacientes. Booth no intentaba estar a la vanguardia de la tecnología, pues él entendía que el aprendizaje dentro del proceso era lo más importante para brindar una atención eficiente y efectiva, así que era mejor seguir aplicando un enfoque probado y confiable que saltar de una idea nueva a otra. Por último, después de terminar cada procedimiento, Booth les daba a los pacientes su número de teléfono para animarlos y para estar al tanto de cualquier problema que surgiera.

En definitiva, su enfoque en el proceso les sirvió tanto a él como a sus pacientes. Durante 15 años, realizó más remplazos totales de rodilla que cualquier otro cirujano en Estados Unidos.

Fue galardonado cuatro veces por la Knee Society, entidad que le otorgó su premio a la investigación y lo nombró como su presidente[3].

El caso de Robert Booth ilustra la dificultad y la oportunidad que implica el hecho de utilizar el enfoque en el proceso para aprender. Cada parte de un sistema es estudiada muy cuidadosamente para ir construyendo una comprensión más profunda. Con la práctica, las partes mejoran, pero también lo hacen las conexiones entre ellas. En este tipo de enfoque, la atención no está centrada en el resultado, aunque este también mejora, al menos, con el tiempo. Los aprendices enfocados en el proceso reconocen que su capacidad de aprendizaje no es fija. Sin embargo, con esfuerzo y estudio, es posible lograr cambios significativos.

¿Por qué un enfoque en el proceso conduce al aprendizaje?

En todas partes hay estudiantes enfocados en el proceso. Taichi Ohno —creador del sistema de producción que llevó a Toyota Motor Company de ser un emprendimiento posterior a la Segunda Guerra Mundial hasta transformarla en una de las fábricas de automóviles más grandes y más rentables del mundo— es un ejemplo de este tipo de estudiantes. Ohno sabía que el sistema dentro de cualquier organización presenta fallas, no porque las personas no trabajen duro, sino porque rara vez existe la comprensión perfecta acerca de una situación compleja —e incluso si existe, el entorno exterior cambiará y generará nuevos desafíos—. En una ocasión, afirmó: "No tener problemas es el problema más grande de todos". Y como todos los sistemas tienen fallas, la única forma de aprender y mejorar es buscándolas y solucionándolas. El enfoque de producción de Ohno, hoy conocido como el "Sistema Lean"[4], ahora se usa no solo en la fabricación, sino también en industrias que incluyen desde el cuidado de la salud hasta el software[5]. En uno de los muchos ejemplos, Ohno, inspirado en el lazo que un vaquero podría usar para detener un carro, instaló cables "Andon" en sus líneas de producción y les dio instrucciones a los trabajadores para que aprendieran a jalarlos cada vez que algo saliera mal en el proceso. ¿Por qué? Porque de esa manera se darían cuenta de inmediato cuál era el problema y podrían solucionarlo en ese mismo instante.

Un enfoque en el proceso también suele ser una estrategia ganadora en los deportes. En 2010, después de convertirse en

Gerente General y Director de Rendimiento de Team Sky (ciclismo profesional) de Gran Bretaña, Dave Brailsford estaba decidido a hacer todo el proceso fuera mucho mejor, así que se dio a la tarea de examinar todos los aspectos que intervinieran en él — desde tomar las decisiones más obvias, como la forma en que los ciclistas entrenaban y comían, hasta las menos obvias, como implementar el lavado adecuado de las manos para evitar infecciones, asegurarse de llevar la mejor almohada a los hoteles para dormir lo mejor posible y usar el gel de masaje más efectivo[6]—. Su enfoque dio frutos cuando su equipo ganó consecutivamente no solo los Tours de Francia, la carrera más prestigiosa en el ciclismo, sino también el 70% de las medallas de oro disponibles en los Juegos Olímpicos de 2012. (Brailsford también fue entrenador del equipo de ciclismo olímpico británico). El entrenador de fútbol de Alabama que tiene varios campeonatos nacionales a su cargo, Nick Saban, afirma: "Cuando adquieres un sistema, te metes en algo así como una rutina que incluye las actividades realmente importantes. . . y luego, pasas mucho más tiempo pensando en qué más podrías hace para mejorar ese sistema"[7].

¿Por qué el enfoque en el proceso es tan fundamental en el aprendizaje? En esencia, el aprendizaje implica entender que del tipo de aportes que hagamos dependerá el tipo de resultados que obtendremos —estaremos construyendo un modelo de cómo funcionan las cosas—. Por lo general, necesitas realizar alguna tarea: remplazar una rodilla con un dispositivo protésico, construir un automóvil, ganar una carrera de ciclismo, pero, para lograrlo, debes comprender las muchas piezas que contribuyen a esa meta y cómo estas interactúan entre sí. El enfoque en el proceso genera valor en ambos frentes: en el proceso en sí y en el resultado.

Cuando te tomas el tiempo para entender y aprender el proceso, te das cuenta de que, a menudo, haces más aportes de los que imaginaste que harías al comienzo del proceso. Booth se dio cuenta de que los resultados de sus pacientes dependían de él, por supuesto, pero también dependían de muchos otros aportes, como los de las enfermeras, los anestesiólogos, los encargados de los suministros, los trabajadores del área administrativa, el tipo de prótesis elegido, etc. Las elecciones de las personas involucradas también fueron insumos que hicieron parte del proceso. Lo que esto demuestra es que, si te limitas a enfocarte en los resultados y no en el proceso, opacas los detalles y tu modelo del proceso quedará incompleto.

Incluso cuando tu visión de todos los detalles es precisa, aun así, tienes que descubrir cómo todos esos detalles y aportes interactúan para producir un resultado. En algunos escenarios de aprendizaje, este proceso es sencillo. Por ejemplo, en el juego de blackjack, el objetivo es acercarte a 21 teniendo muy en cuenta lo que haga el crupier. (Cada carta vale el número que muestra, excepto las cartas de cara, que valen 10, y los ases, que valen 1 u 11). Para empezar, el repartidor le da a cada jugador dos cartas boca arriba y él toma una carta boca arriba y una boca abajo. Cada jugador decide si "seguir" (tomar otra carta) o "quedarse". El jugador que se pasa de 21 "fracasa" y pierde. Si se mantiene por debajo de 21, el crupier "llega" a 17 o más puntos.

El blackjack puede ser confuso. Los jugadores hacen varias elecciones (y algunos movimientos adicionales incluyen la división de cartas o doblarlas hacia abajo). Sin embargo, mediante un estudio cuidadoso, es posible dominarlo por completo, —es decir, idear la estrategia óptima para cada situación en el juego—. Después de simular los posibles resultados una y otra vez en el computador, dado lo que el jugador tiene y lo que muestra el *crupier*, puedes decidir si siguiendo o quedándote tendrás la mayor probabilidad de ganar. Por ejemplo, si el *crupier* está mostrando

7 y un jugador tiene 16 (digamos, un seis y una J), el jugador debe seguir. Corre el riesgo de pasarse, pero, de lo contrario, la probabilidad de perder es demasiado alta como para no seguir[8].

Aunque el blackjack tiene muchas piezas en movimiento, aun así es posible practicar y practicar hasta encontrar la jugada exacta que hay que hacer en cualquier situación, porque todos los aportes (las tarjetas) son conocidos, así como la forma en que estos interactúan (las reglas sobre cuándo un crupier debe seguir o quedarse). Con esta información completa, uno puede "aprender" el blackjack.

¡Qué bueno sería si la vida real fuera tan ordenada y completa!

Cuando les enseño operaciones a mis estudiantes de MBA, comienzo con un enfoque en los procesos —al que llamamos análisis de procesos—. Yo también tuve esa cuando fui estudiante de MBA en Harvard Business School. Hasta recuerdo que el primer día de clases, la profesora Frances Frei comenzó a hablar de las maravillas del Benihana —el restaurante japonés al estilo hibachi—. Debo admitir que, cuando la conocí, estaba muy nervioso. Acabábamos de recibir nuestra asignación de secciones y los asientos que ocuparíamos durante todo el semestre. Según recuerdo, después de presentarse, Frei se acercó a la mitad del salón y dijo: "Cubierta del cielo [la última fila en el aula], te tendré en la mira". Es posible que antes de decir eso ella hubiera dicho algo más, pero, como yo estaba sentado en la cubierta del cielo, pensé que esa advertencia era refiriéndose a mí. El caso es que sobreviví ese primer día, en parte porque nos pasamos toda la clase ayudándola a dibujar un diagrama de cada paso del recorrido del Benihana, desde cuando los clientes entraban al restaurante hasta que se iban (se conoce como "diagrama del flujo del proceso").

Al comprender el proceso, pudimos ver que Benihana había aprendido lo suficiente como para crear un estilo de cenar completamente nuevo: cada paso del proceso fue construido sobre el anterior, desde la barra que servía como área de espera para acomodar a los clientes en mesas de ocho comensales, mejorando así la utilización de las instalaciones, hasta el orden en que se servía la comida —comenzando con verduras y arroz baratos, y con porciones muy pequeñas de carne de óptima calidad (aunque a los clientes les daba la impresión de haber sido atendidos con una gran porción)— para, al final, limpiar la parrilla con amoníaco con el fin de que los clientes entendieran que había que desocupar la mesa y permitir así el ingreso del siguiente grupo. Frei nos hizo ver el hecho de que una profunda comprensión del proceso había conducido a un modelo cada vez mejor y en constante perfeccionamiento.

Todo esto para mostrar que, a medida que los alumnos se centran en el proceso, van aprendiendo que, en medio del ruido, se oculta una valiosa señal. Este es el caso de Roger Bohn, profesor de UC San Diego, quien estudió aprendizaje en plantas de fabricación de semiconductores y se dio cuenta de que, en las plantas que limitaban el ruido a través de procesos bien manejados, el aprendizaje era más rápido[9].

Un enfoque de proceso no solo ayuda a identificar las relaciones, sino que también puede revelar relaciones causales. Con frecuencia, escuchamos que "la correlación no implica causalidad". Esto explica el hecho de que, aunque *a* y *b* pueden estar relacionados, *a* no necesariamente causa *b*. Tyler Vigen, de Spurious Correlations Proyect, ha hecho todo lo posible para documentar relaciones absurdas que son correlacionales, pero claramente no causales. Por ejemplo, el consumo per cápita de queso en Estados Unidos mostró una correlación del 94.7% con la cantidad de personas que murieron al enredarse en sus sábanas desde 2000 a 2009, mientras que la tasa de matrimonios en Kentucky mostró una correlación del 95.2% con el número de personas que se ahogaron después de caerse de un barco de pesca desde 1999 hasta 2010.

Por fortuna, ni los amantes del queso, ni los kentuckianos deben temer por su vida, ya que, como es de suponer, estas son relaciones espurias. Si nos centráramos únicamente en los resultados, tenderíamos a creer que los elementos están relacionados cuando en realidad la relación se debe a una variación aleatoria o incluso a un tercer factor. Al estudiar cuidadosamente el proceso que deseas aprender, aumentas tu conocimiento de las relaciones causales.

El béisbol profesional es un excelente ejemplo de la progresión en el enfoque centrado en el proceso. El objetivo final es ganar un campeonato y para lograrlo es necesario ganar partidos. Los equipos exitosos apuntan a anotar más carreras al tiempo que se defienden del equipo adversario. Tradicionalmente, los manejadores de pelotas base y los scouts pondrán en el terreno de juego a sus mejores bateadores con el fin de obtener magníficos resultado a lo largo del juego —del proceso—. Sin embargo, cuando Bill James y otros supuestos expertos en sabermetría observaron los datos de las bateadas y demás jugadas al interior de cada juego, reconocieron que algo en el modelo estaba incompleto en algunos casos e incorrecto en otros. Sí, batear por promedio es algo bueno. Pero un golpe es solo una forma de llegar a la base. Si un bateador obtiene cuatro bolas, camina y se le otorga la primera base. Una caminata es casi lo mismo que un golpe, pero no se captura en el promedio de bateo. De manera similar, batear un jonrón es una habilidad valiosa, pero también lo es golpear dobles o triples. Finalmente, golpear a los bateadores para anotar carreras está fuera del control de un bateador, porque a menos que batee un jonrón, el bateador debe tener a alguien en la base para obtener una CI.

Por lo tanto, las métricas utilizadas para evaluar la producción ofensiva eran defectuosas. Los expertos en sabermetría se dieron cuenta de que era necesario analizar qué factores realmente incidían en las carreras. Al centrarse en el proceso, podrían aprender a valorar con más precisión los diversos aspectos de batear y, en últimas, a identificar a qué se debe que el mercado haya tenido jugadores cuyas negociaciones han sido demasiado elevadas o muy por debajo de su verdadero rendimiento[10].

Finalmente, un enfoque en el proceso te ayuda a desarrollar disciplina en tus metas de aprendizaje, incluso cuando tu agenda de actividades está hasta el tope. John Steinbeck llevó un diario mientras escribía *The Grapes of Wrath*. Y reflexionando sobre el proceso de escritura, anotó en sus páginas: "En la escritura, el hábito parece ser una fuerza mucho más poderosa que la fuerza de voluntad o la inspiración. Por lo tanto, es necesario tener cierto grado de ferocidad para lograr establecer el hábito de escribir, como mínimo, un cierto número de palabras. No es posible, por lo menos para mí, decir: 'Si me da la gana, escribiré'"[11]. Un enfoque en el proceso —sobre todo cuando se combina con una meta de aprendizaje específica—, te ayudará a crear hábitos productivos en tu aprendizaje.

Desafíos que impiden un enfoque en el proceso

Si es tal la importancia de aprender a enfocarnos en el proceso, ¿por qué a menudo le prestamos tanta atención al resultado? Primero, porque asumimos de manera equivocada que el resultado es más significativo de lo que en realidad es —lo que se conoce como *sesgo del resultado*—. En segundo lugar, porque tenemos la tendencia a pensar que el resultado es un reflejo de nuestra capacidad finita y por esa razón lo vemos como si fuera una evaluación de nosotros mismos, —motivo por el cual, en detrimento propio, nos concentramos en las metas de rendimiento y no en las metas de aprendizaje—. Analicemos cada uno de estos factores a la vez.

Sesgo del resultado

Cuando se trata del aprendizaje, casi siempre tenemos que enfrentarnos a la arbitrariedad. Construir un modelo, bien sea mental o no, es importante, porque nos ayuda a identificar aspectos como, por ejemplo, los que marcan la diferencia que existe entre una señal y un ruido. En ausencia de tal modelo, los resultados cambian la forma en que interpretamos lo que sea que nos ocurra: si el resultado es positivo, evaluamos el proceso como bueno y lo mismo ocurre si el resultado es negativo —que también al proceso lo evaluamos como negativo—. Así que es un hecho que los resultados sí importan. Por esta razón, cuando probamos nuevas ideas y no funcionan, lo más probable es que queramos cambiar nuestra perspectiva sobre el proceso que produjo esos resultados. También podría ocurrir que el proceso sí fue el adecuado, pero tuvimos mala suerte. Cuando tengamos éxito, lo más probable es que el proceso adquiera un efecto de halo. Cuando fallemos, asumiremos que el proceso fue incorrecto, incluso si la arbitrariedad fue la causa subyacente. Como afirma Cade Massey, profesor de Wharton y amigo mío: "Habría mucho menos drama en el mundo si la gente aceptara la variedad — aunque fuera un poco"[12].

La interpretación incorrecta del proceso debido al resultado obtenido no se limita al caso de los niños cuando juegan béisbol. Lars Lefgren, Brennan Platt y Joseph Price, profesores de BYU, observaron que también los entrenadores de baloncesto profesional ajustaban su estrategia después de sus victorias más recientes y no de sus fracasos más recientes[13]. Bien sea que el juego haya terminado en una victoria o en una derrota, el entrenador tiene la misma información: su equipo estaba en mejores o peores condiciones que su oponente[14]. Sin embargo, los investigadores concluyeron que era mucho más probable que los entrenadores cambiaran la alineación del partido para el próximo juego después de una victoria. Así ocurría incluso cuando se esperaba que el equipo perdiera un juego o cuando la derrota se debía a factores fuera del control del equipo[15].

La dificultad de sesgarse frente a los resultados también se ha demostrado en el medio del contexto de un experimento controlado. Por ejemplo, Rebecca Ratner y Kenneth Herbst hicieron un experimento mediante el cual se dieron a la tarea de organizar dos grupos de participantes con el fin de presentarles un tema específico mediante una pregunta simple como: ¿preferirías invertir una cifra hipotética de $5.000 dólares con un asesor que tiene un 54% de probabilidad de aumentar tu inversión en un 15% durante los próximos doce meses? ¿O con un asesor con un 43% de posibilidades del mismo éxito? (No les proporcionaron ninguna otra información sobre el riesgo o la falla de la inversión)[16]. Dada esta información limitada, la elección era obvia, pero al mismo tiempo, existía una posibilidad bastante significativa de que el asesor fracasara. Después de que los dos grupos de participantes se dedicaron durante 20 minutos a otras tareas no relacionadas, los investigadores variaron aleatoriamente el resultado de la inversión que recibieron, ya fuera un aumento del 15% o una disminución del 15% de la inversión; luego, le preguntaron a cada grupo de participantes sobre la calidad de su decisión anterior. Aquellos en el grupo que experimentaron un resultado negativo (disminución del 15%) calificaron sus decisiones con puntajes más bajos (4.57 de 7) que aquellos en el grupo que recibió resultados positivos (6.33 de 7). Los dos grupos tenían la misma información previa y no se aprendió nada significativo del resultado; elegir un 54% de probabilidad frente a un 43% de probabilidad en la misma ganancia es, sin duda, correcto. Además, a través de múltiples estudios, los investigadores encontraron que el sesgo del resultado fue impulsado por reacciones emocionales negativas. Desafortunadamente, después de un resultado, luchamos por analizar lo que en realidad sucedió y tendemos a concluir que un buen resultado refleja un buen proceso y un mal resultado es síntoma de un proceso inadecuado[17].

Dicha evaluación sesgada plantea un desafío fundamental para el aprendizaje. No es que debamos ignorar el resultado, sino que nos centramos demasiado en él. Debemos aprender a ponderarlo adecuadamente. De hecho, en entornos que están demasiado centrados en los resultados, los esfuerzos de los individuos tienden a disminuir[18]. El viejo dicho "nunca eres tan bueno como dicen cuando ganas, ni tan malo como dicen cuando pierdes" no es solo una excusa para los perdedores, sino que es un pensamiento que refleja cierto grado amplio de verdad. En lugar de juzgar el proceso a través de la lente del resultado, busca aprender sobre el proceso que te llevó allí.

Mentalidad de rendimiento

La segunda razón por la que nos centramos en los resultados está arraigada en nuestra forma de entender lo que es la inteligencia. Aunque *The Little Engine That Could* apareció por primera vez a principios de 1900, ese mantra —"Creo que puedo"— está conectado a la investigación sobre cómo aprendemos. La sicóloga de Stanford, Carol Dweck, ha demostrado que las personas tienden a tener una de las dos opiniones existentes sobre la inteligencia: una, que siempre es posible aumentarla, conocida como mentalidad de *crecimiento*; o la otra, que las personas están dotadas de una cantidad fija de inteligencia y se conoce como mentalidad de *rendimiento*[19]. Las dos tienen importantes implicaciones tanto en el aprendizaje como en el enfoque del proceso.

Tu perspectiva sobre la inteligencia afecta tu forma de pensar acerca del proceso y el resultado. Para una *mentalidad de rendimiento*, los resultados tienen un aspecto evaluativo. En otras palabras, el éxito o el fracaso es un resultado directo de la inteligencia del individuo. En cambio, para una *mentalidad de crecimiento*, el resultado es, simplemente, un aspecto sobre el estado del proceso y el aprendizaje general del individuo[20].

En un estudio fascinante sobre este tema, Claudia Mueller y Carol Dweck examinaron cómo el hecho de elogiar la inteligencia en lugar del esfuerzo afectó la visión de la inteligencia y el comportamiento de aprendizaje posterior de los individuos que participaron en el estudio[21]. En múltiples experimentos, diversos grupos de niños recibían elogios al azar. A unos, los elogiaban diciéndoles: "Fuiste muy inteligente para enfrentar estos problemas"; a otros, les decían: "Trabajaste muy duro para enfrentar estos problemas". Con el tiempo, los elogiados por su inteligencia terminaron opinando —con mayor certeza que los elogiados por su esfuerzo— que la inteligencia es fija; además, terminaron desempeñándose peor en diversos empleos, se mantuvieron en ellos durante menos tiempo y expresaron menos placer al realizarlos.

Estos hallazgos son relevantes para el lugar de trabajo, así como para los alumnos en el aula. Un estudio que *Fortune* realizó en 1.000 empresas mostró que la mentalidad de crecimiento está relacionada con empleados más felices, con una cultura más innovadora y arriesgada y con un mejor desempeño[22]. En un trabajo que realizamos con Dan Cable, Francesca Gino, Julia Lee y Alison Wood Brooks para examinar este mismo tipo de mentalidad en consultores y en su desempeño laboral subsecuente encontramos que hay una relación entre el desempeño calificado bajo supervisión y el aprendizaje y también que hay más posibilidades de que aquellos con una mentalidad de crecimiento les ayuden a sus compañeros de trabajo a tener éxito.

La segunda implicación de la mentalidad de crecimiento es que nuestro cerebro responde de manera diferente ante los desafíos. Jason Moser, profesor de la Universidad Estatal de Michigan, junto con sus colaboradores, observaron las respuestas cognitivas de un grupo de individuos según tuvieran o no una mentalidad de crecimiento[23]. A medida que los participantes completaban sus tareas, los investigadores medían su actividad cerebral con electrodos conectados a la cabeza. Aquellos con mentalidad de crecimiento mostraron una mayor actividad cerebral después de dar respuestas incorrectas que los otros. En particular, mostraron una amplitud de Pe mejorada —una señal cerebral que capta la atención consciente dada a los errores—[24]. Cuando nos enfocamos en el aprendizaje y el proceso, no tenemos una confianza falsa; más bien, nuestro cerebro está tratando activamente de aprender y mejorar. Es como si a Little Engine se le diera una nueva fuente de energía[25].

Aprendiendo del proceso

Por fortuna, podemos construir un enfoque en el proceso de varias maneras. La primera, es el enfoque mismo. Martha Graham fue nombrada la "bailarina del siglo" por la revista *Time*. Ella era tanto una bailarina notable como una coreógrafa reconocida que inventó numerosas técnicas de baile. Al describir el proceso, Graham dijo: "La libertad para un bailarín significa disciplina. Para eso es que sirve la técnica —para experimentar libertad—". El éxito, incluso en un contexto tan novedoso como la danza, depende de la comprensión de los bloques de construcción. Una vez que entendemos lo básico, ya somos capaces de desviarnos productivamente de esas bases para innovar y aprender.

Sobre la base del enfoque en el proceso de Booth, Brailsford, Ohno y Graham está cimentada la idea de la práctica deliberada. Ninguno de ellos intentó mejorar todo el proceso a la vez, pues no habrían conseguido mejorar nada. Lo que hicieron fue centrarse en piezas pequeñas y digeribles. Ya sea que estés tratando de aprender cómo negociar un acuerdo, estructurar una transacción financiera o batear una pelota de béisbol, comenzar poco a poco hasta llegar a dominar lo que sea que estás aprendiendo en un tiempo razonable hace que te sea posible concentrarte productivamente en el proceso.

Eso significa desarrollar muy buen ojo para detectar dónde se crea valor. Sobre la base de un diagrama de flujo de proceso, Taichi Ohno modificó el modelo para crear un "diagrama de flujo de valor". Él reconoció que, en gran parte, los residuos —los pasos sin valor agregados en un proceso— se construyeron de forma social. Si uno no se enfoca en el proceso, no aprenderá qué es posible eliminar de él. Toyota utilizó diagramas de flujo de proceso para detectar los insumos y los pasos que se usaron para crear resultados, pero también clasificó cada paso como valor agregado o desperdicio. Un paso que no le proporcionara valor al cliente era factible de ser eliminado. Un enfoque de flujo de valor demuestra que uno no puede o no debe arreglar todo, sino aquellas áreas que proporcionan el mayor valor de retorno.

Este enfoque es aplicable al aprendizaje en muchos contextos. Por ejemplo, conduje una investigación en Wipro Technologies con respecto a su aplicación de un enfoque inspirado en Toyota para desarrollar software[26]. Estando allí, observé numerosos equipos de trabajo utilizando diagramas de flujo de valor para comprender y mejorar sus procesos. El equipo que estaba escribiendo los códigos para configurar el software encargado de hacer funcionar las impresoras se dio cuenta de que su trabajo le estaba tomando demasiados pasos, literalmente. Las impresoras de prueba estaban ubicadas en otro piso y ellos tenían que correr de un lado a otro esperando que, cada vez que cometieran un error, nadie les cambiara la configuración mientras iban y volvían. Un segundo equipo manifestó que su proceso de retroalimentación de los clientes incluía infinidad de reuniones repetitivas e innecesarias que bien podrían ser breves y menos frecuentes. Un tercer equipo se dio cuenta de que su enfoque básico para escribir códigos era demasiado lineal y que debería ser iterativo, y que, debido a esto, no estaban aprendiendo tan rápido como deberían de los errores cometidos.

A menudo, el argumento en contra de un enfoque en el proceso es que convierte a las personas en autómatas. Curiosamente, Frederick Taylor señaló en su obra maestra, *Principles of Scientific Management*, que, mediante el proceso, un trabajador puede "usar su originalidad e inspiración para hacer verdaderas adiciones al conocimiento del mundo en lugar de reinventar cosas ya conocidas"[27]. La clave es por qué nos centramos en el proceso. Si es con el propósito de aprender, y vemos los pasos a seguir en el proceso como bloques de construcción que pueden y van a cambiar, entonces el proceso es una herramienta poderosa que conllevará al perfeccionamiento.

Para mejorar el enfoque en el proceso, necesitas medidas que te sirvan para captar lo que está sucediendo. Volviendo al béisbol, uno de los cambios más significativos en la sabermetría fue la posibilidad de examinar las victorias y las derrotas hasta encontrar lo que estaba determinando esos resultados. Al principio, examinaban las carreras y otras medidas limitadas, pero las medidas han avanzado junto con la tecnología. En 2015, las Grandes Ligas de Béisbol optaron por equipar todos los estadios con el Sistema Statcast, una combinación de tecnología de radar y cámaras de alta definición que les permite a los evaluadores de talento captar las métricas del proceso como por ejemplo, qué tan difícil es golpear una pelota con un bate ("velocidad de salida"), a qué parte del estadio va cada pelota y las rutas que los defensores toman para atraparla. Con este nivel de datos, es posible juzgar el éxito del proceso.

Por ejemplo, se dice que un equipo, los Tampa Bay Rays, enfoca su evaluación de los jugadores no en el promedio de bateo, sino en la velocidad de salida[28].

Las empresas también están tratando de incorporar medidas del proceso en sus evaluaciones. Después de recopilar datos que muestran que más de la mitad de los ejecutivos encontraba poco valor en sus técnicas de administración del desempeño (que, por lo general, se enfocan en los resultados), Deloitte Consulting hizo que sus revisiones de desempeño fueran más frecuentes y usó más preguntas enfocadas en el proceso para alejarse de los desafíos de los resultados y mejorar el aprendizaje[29]. En ese mismo sentido, General Electric se ha alejado de las evaluaciones de desempeño tradicionales (incluyendo el famoso enfoque de Jack Welch, basado en los resultados, de disminuir cada año la cantidad de los trabajadores de la base). Este cambio implica un nuevo enfoque y nuevas medidas, pero el proceso es lento; Janice Semper, una ejecutiva de recursos humanos en GE, comentó: "El verdadero desafío consiste en hallar la manera de desaprender algunas cosas y de crear nuevos hábitos. Estamos tratando de averiguarlo"[30].

Las primeras investigaciones se centraron en la mentalidad de crecimiento y en la mentalidad fija como características permanentes del individuo. Sin embargo, investigaciones adicionales revelaron que la mentalidad de crecimiento es aprendible[31]. Los profesores Peter Heslin, Gary Latham y Don Vandewalle estudiaron cómo la mentalidad de crecimiento de los gerentes influye en la forma en que ellos trabajan con sus empleados[32]. En múltiples estudios, los investigadores encontraron que era menos probable que los gerentes con una mentalidad fija vieran el talento de sus empleados y que era más probable que ellos permanecieran anclados a sus puntos de vista iniciales. Sin embargo, con entrenamiento, su mentalidad cambió y dio como resultado un incremento en su nivel de desempeño. Aquellos que desarrollan una mentalidad de crecimiento saben identificar oportunidades para superarse a sí mismos y quienes trabajan con ellos, también. Además, tienden cada vez más a asumir desafíos y a afrontarlos hasta sus últimas consecuencias —convencidos de que cada elección es vital en el proceso de aprendizaje.

Los factores que nos empujan hacia un enfoque en los resultados son fuertes, pero debemos superarlos si queremos aprender. Parafraseando a Martha Graham, el enfoque en el proceso genera libertad en el aprendiz.

Capítulo 4

Importancia de las preguntas

"Lo importante es no dejar de cuestionar.
La curiosidad tiene su propia razón de ser".
—**Albert Einstein**

Cade Massey se acercó al escenario llevando el birrete y la túnica que lo identificaban como poseedor de un doctorado de la Universidad de Chicago. Massey, reconocido investigador y maestro galardonado, cuestionó a los casi 900 estudiantes que formaban parte del primer semestre del MBA en la Escuela Wharton. En este ambiente de agosto, su trabajo era darles la bienvenida a Wharton y animarlos a comenzar sus estudios académicos con el pie derecho.

Massey no los aburrió con historias dramáticas de logros conmovedores. Tampoco les hizo la promesa de que obtendrían salarios formidables. Más bien, comenzó a hacerles preguntas que ni siquiera este prometedor grupo pudo responderle. Desde fórmulas financieras complejas hasta lo que podría sucederles si participaban en charlas en la red con alguien que no conocieran, Massey presionó a los estudiantes repetidamente con preguntas a las que la única respuesta era: "No lo sé". Al final, aquella audiencia de 900 estudiantes terminó gritando con gran estruendo "¡No lo sé!" una y otra vez[1].

Massey trató de inculcar en todos ellos una lección vital: aunque pensamos que deberíamos saber la respuesta a cada pregunta que surge en nuestro camino, si en realidad queremos aprender, debe ocurrir todo lo contrario. Para que podamos aprender de cada situación, debemos cuestionar lo máximo posible acerca de ella, pues, a menudo, cuando no lo hacemos, las consecuencias suelen ser dramáticas.

Muerte cardiaca súbita y diagnóstico erróneo

Cuando un corazón funciona de manera adecuada, bombea sangre a todo el cuerpo para proporcionarle oxígeno y nutrientes, y para eliminar el dióxido de carbono y las impurezas. Además, es un órgano tan complejo, que es propenso a colapsar. Según se calcula, un promedio de cuatro millones de personas mueren cada año a causa de paro cardíaco súbito[2]. Una de esas tragedias ocurrió cuando un jovencito de 13 años, que parecía disfrutar de perfecta salud, murió mientras dormía. Su autopsia reveló un corazón agrandado con una pared ventricular izquierda de casi el doble del grosor de la de un corazón normal[3]. Aunque el examen identificó la enfermedad cardíaca como la causa de la muerte, el médico forense no identificó el tipo específico de la enfermedad.

Los padres del niño tenían otro hijo y, debido a su preocupación por su salud y la de los demás miembros de la familia, decidieron consultar a un cardiólogo para saber por qué había ocurrido la trágica pérdida de su hijo y si debían buscar tratamiento médico adicional. Las pruebas cardiovasculares iniciales de su hijo salieron normales, pero el médico le hizo usar un monitor de eventos durante 21 días para registrar si experimentaba algún latido cardíaco anormalmente lento o rápido.

Durante este tiempo, el chico experimentó un episodio de taquicardia supraventricular paroxística —latidos cardíacos irregulares—. El cardiólogo evaluó este episodio como un indicador de problemas cardíacos y lo diagnosticó con Síndrome QT largo (LQTS, por sus siglas en inglés). El SQTL es una condición cardiaca poco frecuente, pero peligrosa, en la que el corazón late demasiado rápido y en intervalos irregulares, de manera que el paciente puede desmayarse, llevándolo a la muerte.

El SQTL requiere de medicamentos o de la instalación quirúrgica de un desfibrilador que se encarga de proporcionarle una pequeña descarga eléctrica al corazón para restablecer su funcionamiento normal. Tras llegar a la conclusión de que el chico que murió también padecía SQTL, el cardiólogo recomendó y, en determinado momento, le implantó un desfibrilador a su paciente. Luego, las pruebas genéticas del hermano revelaron evidencia de una mutación genética conocida como KCNQ1-V133I (sigla en inglés) la cual se ha asociado con el SQTL. Como resultado, los miembros de la familia inmediata fueron examinados y otros 20 más fueron diagnosticados con el SQTL.

A ese punto, la familia comenzó a cuestionarse si tantos miembros de la familia necesitaban atención médica especializada cuando el diagnóstico inicial estaba basado en una información tan limitada, así que decidieron consultarle al Dr. Michael Ackerman, un destacado experto en el SQTL en la Clínica Mayo, y él reevaluó los datos que ellos llevaron a su consulta inicial con él. Como primer paso, Ackerman y su equipo utilizaron una mancha de sangre del joven fallecido para las pruebas genéticas y descubrieron que él no había sufrido la mutación KCNQ1-V133I, hecho que hacía pensar que el SQTL no pareció haber sido la causa de su muerte. Un análisis más cuidadoso de las pruebas genéticas de la familia encontró que la mutación que muchos de ellos portaban no estaba asociada con un trastorno cardíaco. Las pruebas de electrocardiogramas (ECG) adicionales de los miembros de la familia tampoco revelaron evidencia del SQTL. Por último, un examen más detenido de las pruebas genéticas del fallecido arrojó que él había sufrido una anomalía diferente —una relacionada con insuficiencia cardíaca súbita, pero no con el SQTL.

El diagnóstico erróneo del primer cardiólogo que los atendió no solo había conducido a un procedimiento significativo e innecesario para el hijo con vida, sino que el desfibrilador había impactado ya dos veces su corazón de manera inapropiada antes de que Ackerman hiciera el diagnóstico correcto. Ackerman señaló que un simple examen de las ondas del ECG debería haber descartado el SQTL. Además, ni la muerte del joven, ni un episodio de latidos cardíacos irregulares de su hermano con vida debieron haber llevado al cardiólogo a concluir de inmediato que se trataba del SQTL. Por desgracia, el diagnóstico erróneo durante las consultas médicas no es infrecuente. Se estima que, al año, solo en Estados Unidos, un promedio de 12 millones de pacientes son diagnosticados de manera errónea[4].

Llegar a conclusiones antes de hacer preguntas meticulosas no se limita al campo de la medicina. Más bien, es un problema esencial que limita el aprendizaje en la mayoría de entornos.

¿Por qué las preguntas conducen al aprendizaje?

Hacer preguntas para aprender no es algo que nos tengan que enseñar a hacer —por lo menos, no al comienzo—. Los niños pequeños interactúan con el mundo entre el 70% y el 80% de su tiempo a través de preguntas[5]. Cualquiera que haya tenido a su cargo un niño pequeño o que haya pasado un tiempo alrededor de uno sabe que la norma con ellos es recibir un aluvión imparable de *¿por qué? ¿Por qué? ¿Por qué?*

El método científico —un enfoque básico para aprender en todos los contextos— comienza con una pregunta. Nos ayuda a identificar qué es aquello que nuestra investigación debe responder. Por ejemplo, cuando Alexander Fleming notó algo extraño en una placa de Petri que estaba colonizada por la bacteria Staphylococcus, él no estaba investigando sobre la forma de prevenir infecciones bacterianas[6]. Sin embargo, cuando vio que el moho crecía en un plato y que no había bacterias en esa área, empezó a hacerse preguntas, no sabiendo que estas lo conducirían al descubrimiento de la penicilina. Cuando hacemos preguntas, llenamos los espacios en blanco que hay en nuestro conocimiento propio.

Hace varios años, escuché a Joe Kennedy, en aquel entonces Director Ejecutivo del servicio de música en línea Pandora, ilustrar esto maravillosamente y mediante la historia de Thomas Edison y *The Great Train Robbery*. A principios del siglo XX, la industria cinematográfica estaba en una encrucijada, en gran parte, porque no existía una verdadera industria cinematográfica. La invención de la tecnología de la cámara para capturar una imagen en movimiento asombró a los observadores a fines del siglo XIX. Sin embargo, después de que el impacto inicial desapareció, no era claro que la tecnología conllevaría al crecimiento y auge de semejante industria. En general, aquella invención fue vista como una novedad. Pero ¿por qué limitarse al hecho de ver un espectáculo en blanco y negro y sin sonido cuando era posible disfrutar de una experiencia más vívida en un teatro en vivo?

Thomas Edison reconoció que si la tecnología para filmar películas iba a terminar siendo un negocio sostenible, entonces la pregunta del millón era: ¿qué sería aquello que podría hacer una película de manera diferente? En respuesta, el Director Edwin S. Porter y su equipo contribuyeron en la creación de lo que ahora conocemos como una película cinematográfica. Filmaban en ubicaciones reales y hacían cambios entre cámaras durante las mismas escenas (primeros planos y tomas largas) y entre escenas que ocurrían al mismo tiempo, conocidas como cortes cruzados. Una simple pregunta fue generadora de la creación de la primera película de acción estadounidense y, a través de la innovación de otros, surgió tan novedosa industria.

Existen numerosos ejemplos de innovaciones increíbles que fueron el resultado de hacer una simple pregunta. La hija de Edwin Land le preguntó por qué no era posible ver las fotos de sus vacaciones de inmediato —y fue así como él inventó las fotos instantáneas y la que terminó convirtiéndose en una gran empresa, Polaroid[7]. Pandora, de Joe Kennedy, también se basó en una pregunta simple: ¿será que la música que me gusta me ayudará a encontrar más de mi música favorita? La chispa encendida por medio de una pregunta suele llevarnos hacia nuevas y, a veces, emocionantes direcciones que aumentan nuestro conocimiento.

Finalmente, al hacer preguntas, facilitamos que otros nos ayuden. Como siempre dice mi amigo y colega Dave Hofmann: "Una vez que un líder político dice 'yo pienso que...', todos los demás líderes dejan de pensar —o cambian drásticamente su forma de pensar— en lugar de utilizar el capital político para desafiar a ese líder". Una de las maneras más poderosas en que podemos aprender de los demás es preguntándoles "¿Tú, qué piensas?" y estando abiertos a cualquiera que sea la respuesta.

El poder de las preguntas también se observa en el trabajo de Karena Strella, socia de Egon Zehnder, la firma global de búsqueda de ejecutivos[8]. Strella pasó años realizando búsquedas de ejecutivos para muchas de las empresas más exitosas del mundo. Sin embargo, ella supo identificar que, aunque sus clientes estaban satisfechos con su trabajo, la capacidad predictiva de los modelos de Egon Zehnder no era suficiente para lo que ella necesitaba. Su pregunta fue: ¿cómo podría mejorar la empresa? Para responderla, se comprometió en un proyecto de dos años que la llevaría a construir un modelo mejor. Durante el proceso, se dio cuenta de que predecir el éxito futuro no solo era evaluar los logros anteriores de las personas, sino también, y aún más importante, encontrar una manera de evaluar su potencial.

Su modelo consistía en cuatro elementos: *visión*, la capacidad de asimilar y utilizar información de muchas fuentes; *compromiso*, la capacidad de conectarse con personas para compartir una visión; *determinación*, la capacidad de superar obstáculos; y *curiosidad*, la capacidad de buscar nuevas ideas haciendo preguntas. A medida que usaba el modelo, Strella descubrió que el "supergenerador" de potencial era la curiosidad. Sin curiosidad, el potencial de las habilidades, al igual que las habilidades ya establecidas del individuo, nunca se convertían en acción real y metas cumplidas.

Su modelo fue un éxito comercial para Egon Zehnder. A medida que la empresa lo implementaba, iba identificando a candidatos que ya habían sido pasados por alto —a menudo mujeres o minorías poco representadas— y esto generó una expansión del grupo de gente talentosa en lista de espera. Strella, curiosa aprendiz, logró cambiar su perspectiva junto con la perspectiva de toda su organización y utilizar el nuevo modelo como elemento clave en las ofertas estratégicas de la empresa.

Desafíos con respecto a aprender haciendo preguntas

Mientras que los niños interactúan con el mundo más que todo a través de preguntas, los adultos, no. El mismo estudio que concluyó que entre el 70% y el 80% del diálogo de los niños consiste en hacer preguntas, también encontró que el rango de interacción de los adultos con el mundo es de entre el 15% y el 25%. Entonces, conociendo el poder que proviene de hacer preguntas, ¿por qué tan a menudo nos apresuramos a dar respuestas?

La primera explicación es comprensiblemente práctica. En palabras de Maverick y Goose, de la película *Top Gun*, tenemos "necesidad de velocidad". Hacer que las cosas se hagan implica responder a las preguntas, no hacer más preguntas. Y cuando estamos en un escenario idéntico a uno en el que ya hemos estado antes, preguntar parece no tener sentido, ni valor. De igual manera, realizar trabajos repetitivos tampoco pareciera requerir de preguntas, ya que, simplemente, es cuestión de repetir la actividad ya conocida una y otra vez. Y con eso es más que suficiente.

Por supuesto, este enfoque repetido, aburridor y simplista tiene dos defectos. El primero, que sea posible que no entendamos las cosas tan bien como pensamos. Aprendí esta lección muy bien cuando tenía 11 años y estaba en sexto grado. Me inscribí en una clase de matemáticas avanzadas. Recuerdo que estaba acostumbrado a volar cuando presentaba mis evaluaciones y eso hice en mi primera evaluación de aquella clase. Me sentí orgulloso de ser el primero en entregarla y me senté en mi escritorio sintiéndome superior. Desafortunadamente, mi burbuja estalló días después, cuando recibí la evaluación con una muy baja nota. Había cometido numerosos errores por correr tanto con tal de desarrollar los ejercicios y entregar de primero. Después de superar la vergüenza de que mis padres firmaran mi bochornosa evaluación, decidí establecer una nueva norma en mi vida estudiantil: después de terminar cada prueba, me preguntaría si mi enfoque había sido correcto y nunca más sería el primero en entregarla. Esta simple pregunta —¿Es mi enfoque correcto?— nos brinda enormes beneficios en múltiples contextos.

En Toyota, incluso en el contexto repetitivo de la manufactura automotriz, "¿Es mi enfoque correcto?" es una pregunta que produce innumerables mejoras en los procesos. El concepto básico del sistema de producción de Toyota, *kaizen*, o aprendizaje continuo, se basa en esta idea: mejora siempre cada tarea, poco a poco, cada día. Sin embargo, para lograrlo es crucial cuestionar cada proceso. Esta idea —junto con el reto que conlleva— es fácilmente apreciable desde mucho tiempo atrás, en la Antigua Grecia, mediante la fábula de la tortuga y la liebre escrita por el esclavo Esopo. Pensamos que debemos apresurarnos a hacer las cosas, como hizo la liebre, cuando en realidad, a menudo, lo que más necesitamos hacer es reducir la velocidad para lograr ir rápido. Si caminamos lento y constante, como la tortuga, ganamos la carrera al darnos a nosotros mismos la oportunidad de hacer preguntas inteligentes que nos sirvan para aprender.

Apresurarte a responder cuando el mundo está cambiando a tu alrededor es, en el mejor de los casos, una estrategia miope, pues es evidente que la respuesta que funcionó ayer no será correcta mañana. Cada vez más, tenemos la tarea de realizar actividades que requieren de nuestra capacidad de análisis y de experiencia, y no solo de la repetición sin sentido de la misma respuesta de siempre. Como Marshall Goldsmith escribió en su libro con el mismo título: "Lo que te trajo hasta aquí no te llevará hasta allá"[9].

Además, es muy frecuente que no hagamos preguntas porque nosotros mismos nos cohibimos de hacerlas, por dos razones: una, porque pensamos que no deberíamos hacerlas; la otra, porque no nos damos cuenta de que debemos hacerlas. La primera es más fácil de entender. Nos preocupa que la gente piense menos de nosotros cuando no sabemos una respuesta. Por supuesto, en entornos inciertos, es poco realista esperar saber todo lo que se presente en nuestro camino —así que tenemos que aprender.

Además, quienes nos rodean no necesariamente esperan que siempre sepamos la respuesta. Con frecuencia, la gente respeta a quienes son inquisitivos y los consideran poco convencionales y socialmente perceptivos[10]. Por ejemplo, la investigación realizada por Karen Huang y sus coautores en Harvard Business School descubrió que, por lo general, nos gustan las personas que hacen preguntas porque nos parece que son más responsables[11]. Esto es cierto incluso en el contexto de las citas amorosas: quienes hacen más preguntas durante la primera cita tienen más probabilidades de obtener una segunda cita. Además, ser inquisitivo y curioso casi siempre se ha asociado con tener mejor salud física y mental[12].

Esta es una lección clave que aprendí trabajando con Francesca Gino, mi frecuente coautora. Gino ahora es catedrática en Harvard Business School y, cuando ella obtuvo el cargo allí, se convirtió en la mujer más joven en lograrlo. Comenzamos a colaborarnos cuando ella estaba trabajando en un postdoctorado y yo estaba completando mi doctorado. A su facultad le tomó tiempo reconocer su brillantez, pero me agrada decir que yo la percibí de inmediato. Lo que más me llamó la atención fue que, en cualquier conversación, ella se detenía con frecuencia y decía: "¿Puedo hacer una pregunta?".

Mentiría si dijera que su habilidad para preguntar me pareció valiosa desde el principio. A veces, yo estaba apresurado haciendo alguna cosa y solo quería continuar haciéndola. Y como visitábamos empresas y trabajábamos en proyectos juntos, yo solía pensar que ya habíamos terminado con un tema, pero ella siempre quería hacer una pregunta más. Con el tiempo, llegué a apreciar el hecho de que, por lo general, sus preguntas solían ser muy perspicaces. Incluso cuando no nos guiaban hacia nuevas posibilidades de exploración, el simple hecho de hacer preguntas constantes se convirtió en un ritual en medio de nuestro trabajo colaborativo a medida que explorábamos nuevas ideas.

La autocensura puede ser una restricción a las preguntas que tenemos por hacer, pero aún mayor es el hecho de que, casi nunca, sabemos qué preguntar. El ex Secretario de Defensa de los Estados Unidos, Donald Rumsfeld, hizo esta observación de manera elocuente en 2002, durante una sesión informativa sobre la situación en Afganistán e Irak. Respondiendo a una pregunta sobre un informe que no mostraba evidencia de un vínculo entre el gobierno iraquí y los grupos terroristas, manifestó: "Los informes que dicen que nada ha sucedido siempre son interesantes para mí, porque, como sabemos, hay incógnitas que desconocemos; hay cosas que sabemos que sabemos. También sabemos que hay incógnitas conocidas; Es decir, sabemos que hay algunas cosas que no sabemos, pero también hay incógnitas desconocidas, las que no sabemos que no sabemos"[13].

Inmediatamente después de su comentario, la gente pareció pensar que él había hablado de esa manera para justificarse o tal vez para ofuscar a la opinión pública. Sin embargo, con el tiempo, un análisis más cuidadoso reveló que Rumsfeld estaba diciendo una verdad: que las incógnitas desconocidas nos impiden aprender y que, casi siempre, son culpa nuestra.

Un desafío que muchos enfrentamos es que sea posible que nos ocurra que no tengamos una imagen precisa de lo que está sucediendo a nuestro alrededor. Una ilustración muy efectiva de esto se observa en la prueba de atención selectiva de Daniel Simons y Christopher Chabris. Si aún no has visto el video, tómate un momento para buscar la "prueba de atención selectiva" en YouTube o Google[14]. Una vez que lo veas, cuenta la cantidad de veces que el equipo de blanco pasa la pelota.

La primera vez que lo vi fue en una clase de doctorado con Clay Christensen, quien estaba tratando de abrirnos los ojos ante los fenómenos interesantes que suelen ocurrir a nuestro alrededor. Después de verlo, rivalicé con un compañero acerca del número exacto de pases que cada uno vimos, pero eso fue antes de que Christensen señalara que tanto los demás como yo nos distrajimos y no vimos a un gorila (no uno real, por supuesto) caminando en medio de la escena. Sí, un gorila y yo no fui el único que no lo vio: alrededor del 50% de mis compañeros tampoco lo vieron[15]. El estudio original de este tema de la distracción, realizado en 1979, utilizó a una mujer con un paraguas abierto y el 79% de los participantes no la percibió[16].

¿Por qué ocurre esto? Porque cuando nos enfocamos con atención en una determinada pieza de un rompecabezas, nos cegamos frente a las otras cosas que suceden en nuestro entorno. No preguntamos por qué el gorila está en el video, porque no lo vemos. Así que ser consciente de ese reto es un comienzo, pero solo eso. Los estudios de seguimiento han revelado que, incluso si viéramos al gorila, sería poco probable que detectáramos otros eventos inesperados en los videos subsiguientes[17]. Pero antes de discutir cómo abordar nuestras deficiencias al observar nuestro entorno, exploremos otras dos formas en las cuales limitamos nuestra capacidad de cuestionar.

La primera, es cómo buscamos información. Hace varios años, estaba planeando asistir a la boda de un amigo en Japón. Iba a estar en India poco antes para hacer una investigación, así que fui al sitio web de viajes Expedia para encontrar un boleto de ida desde Delhi hasta Osaka. Me emocioné cuando mi búsqueda arrojó uno por $350 dólares. Cuando me preparaba para comprarlo, el nombre de la aerolínea vino a mi mente: Malaysian Airlines. Por desgracia, esta aerolínea había perdido hacía poco un avión —un antecedente no muy bueno en este tipo de indistria—. Pensé en enviarle el itinerario a mi esposa, pero pasé a la siguiente opción, China Southern Airlines, y terminé comprando ese boleto por un precio de $100 dólares. Mirando en retrospectiva, es indudable que, en ese apresurado cambio de opinión, obró en mí el *sesgo de disponibilidad*.

El sesgo de disponibilidad ocurre cada vez que preferimos tomar decisiones según la información que tengamos más a la mano en vez de tratar de conseguir información más completa[18]. Este sesgo nos incapacita de hacer preguntas y por esta razón terminamos perdiéndonos de información adicional que nos ayudaría a ampliar el rango de lo que sea que estemos buscando. En el caso de los boletos, si me hubiera tomado el tiempo para hacer una búsqueda más cuidadosa, me habría enfocado en evaluar el historial de seguridad de ambas aerolíneas.

En vez de solo preguntar: "¿Qué aerolínea no ha perdido un avión recientemente?", podría haber preguntado: "¿Qué aerolínea tiene un mejor historial de seguridad?", "¿Qué aerolínea hace un mejor trabajo de mantenimiento en su flotilla de aviones?", "¿Qué aeropuerto de conexión es más seguro para viajar?".

El hecho es que, dada la información que tenemos frente a nosotros, suponemos en fracción de segundos que ya entendimos cualquiera que sea la situación. Pensamos que, si esa información no sugiere ninguna alternativa o razón alguna para cuestionar nuestro supuesto inicial, entonces ¿para qué indagar más? Como un alma bien intencionada me dijo cuando era un niño: "Cada vez que supones algo, lo más probable es que termines haciendo el ridículo y que me lo hagas hacer a mí también". Ahora, no me queda claro de qué manera el hecho de que yo suponga algo haga quedar en ridículo a otra persona, pero lo que sí es cierto es que las suposiciones mal elaboradas son una pesadilla cuando se trata de aprender sobre un tema o una situación específica. Como dijo Mark Twain: "Suponer es bueno, pero averiguar es mejor". El sesgo de disponibilidad ocurre con tanta frecuencia porque no nos tomamos el tiempo necesario para sentarnos a recopilar información ilimitada sobre cada incógnita que se nos presenta. Por desgracia, debido a que tendemos a asumir que esa información limitada que tenemos en el momento es más completa de lo que en realidad es, terminamos perdiéndonos de oportunidades para aprender.

La otra forma en que limitamos nuestras preguntas es porque, incluso cuando reconocemos la necesidad de recopilar más información, es casi seguro que la busquemos de la manera más inadecuada posible. En lugar de buscar nuevas ideas, es casi seguro que las que encontremos estén sesgadas. Quizás, esto sea más claro cuando, por ejemplo, buscamos noticias políticas. Crecí en el Estado rojo profundo de Texas y luego pasé siete años en el Estado azul profundo de Massachusetts, así que mi experiencia personal indica que ambos lados del pasillo político recopilan información, pero sesgándose a sus partidos. Por ejemplo, Fox News se ha convertido en un negocio de miles de millones de dólares al responder a una pregunta específica para los televidentes inclinados hacia la derecha: "¿Tengo razón en mi punto de vista político?" La respuesta de las redes es un rotundo *sí*.

Los datos afirman mi observación. Un estudio de más de diez millones de usuarios de Facebook concluyó que, cuando los usuarios de las redes buscan información, tienden a hacerlo para confirmar lo que ya opinan[19]. Es decir, obtienen ese resultado porque, por lo general, seleccionan amigos afines en Facebook, que es gente que comparte noticias políticas en línea y que tiene muchos puntos en común con ellos. Además, es más probable que hagan clic en las noticias que concuerden con sus opiniones políticas[20]. El autor Bill Bishop explica cómo esta clasificación de personas que comparten nuestras opiniones ha ocurrido durante los últimos 30 años y a mayor escala en Estados Unidos, a medida que la gente se ha ido mudando para vivir cerca de otra gente que tenga puntos de vista similares a los suyos[21]. La creación de cámaras de eco ayuda a explicar cómo las noticias falsas tienden a propagarse tan a gran velocidad en Facebook, con consecuencias bastante graves. Cuando alguien ha desarrollado una gran simpatía hacia un candidato (por ejemplo, Donald Trump en la elección presidencial de EE. UU. de 2016) y fuertes sentimientos negativos hacia otro candidato (por ejemplo, la oponente de Trump, Hillary Clinton), un artículo que diga que el papa Francisco apoyó a Trump, o que alguien haya sido asesinado después de haber aceptado testificar contra Clinton, hace que el partidario confíe en que el cuestionamiento y las investigaciones ya han confirmado ese hecho como real[22].

Recordemos el ejemplo de la evaluación anual de los empleados[23] en el que la compañía desarrolló un proceso completamente transparente al permitirles saber quiénes los iban a evaluar. Mi equipo y yo investigamos cómo respondieron los empleados cuando sus evaluadores les hicieron una retroalimentación que los desconcertaba o que les resultaba de menor calificación que su autoevaluación y descubrimos que aquellos que obtuvieron una retroalimentación negativa, al año siguiente tenían más probabilidades de rechazar a esos revisores y preferían a quienes les hicieron comentarios positivos. Algunos tomaron otras medidas para disminuir el impacto de los comentarios que los hacían sentir mal, por ejemplo, solicitando revisores adicionales que tuvieran más tendencia a hacer comentarios positivos después de haber sido evaluados por revisores con aportes negativos. En general, encontramos que estas acciones inductoras de la cámara de eco condujeron a un peor desempeño posterior.

Estos casos evidencian el último reto a nuestra capacidad de cuestionar: *el sesgo de confirmación*. Buscamos confirmar nuestras creencias, por ejemplo, mediante la manera en que elegimos dónde buscar información —en el canal de noticias por cable que a través del tipo de información que publica te hará sentir que tienes razón en tu forma de pensar o cuando le pides opinión a esa persona que siempre te dice sí a todo reafirmándote que tú sí sabes lo que estás haciendo en lugar de preguntarle a ese colega que suele cuestionar tus perspectivas—. También hacemos uso del sesgo de confirmación cuando formulamos preguntas que varían de acuerdo a nuestras circunstancias o preferencias. Por ejemplo, cuando sabemos que alguien es extrovertido y le preguntamos a dónde le gusta salir por la noche o cuando sabemos que alguien es introvertido y le preguntamos sobre su libro favorito o a qué restaurante llama para que le lleven domicilios. Sus respuestas confirman lo que ya nosotros tenemos en mente.

Los profesores Mark Snyder y Julie Haugen realizaron una serie de experimentos para mostrar cómo participamos en este tipo de confirmación conductual[24]. En uno, los participantes masculinos conversaron con participantes femeninas a quienes no podían ver. De antemano, a unos les mostraban una foto de una mujer atractiva y a otros, la de una que no lo era. Sin embargo, el hecho es que, en ambos casos, estaban hablando con la misma mujer. Como resultado, los investigadores concluyeron que los hombres que tenían la foto de la mujer atractiva interactuaron muy distinto con ella y la calificaron como más cálida y más agradable que los hombres que vieron la otra foto.

Fuera de eso, se ha comprobado que, bajo la influencia del sesgo de confirmación, utilizamos diferentes estándares en los datos que recibimos, dependiendo de si queremos validarlos o no. Cualquiera que haya asistido a una entrevista de empleo ha experimentado el sesgo de información. Cuando se discute sobre el candidato que le gusta a la mayoría del grupo calificador (o, a veces, solo al líder), los antecedentes y las preguntas tienden a causar preguntas de admiración como: "¿No es esto increíble?". En cambio, cuando el grupo habla sobre un candidato menos interesante, la conversación cambia y comienzan a manifestarse aparentes dudas y vacíos en la información y la pregunta típica suele ser: "¿Deberíamos creer esto?". En casos extremos, la misma fortaleza del candidato que le agradó al jurado calificador (tal como diversidad en su experiencia) se convierte en una debilidad para el candidato que no los convenció, en cuyo caso, su diversidad de experiencias termina considerándose como una carencia de enfoque laboral.

Esa diferencia en cuanto a la forma en que evaluamos los datos y hacemos preguntas nos recuerda al sistema judicial de Estados Unidos, en el que los tribunales civiles utilizan la preponderancia de las pruebas como un estándar (lo que hacemos cuando queremos que algo sea verdad) y los tribunales penales las utilizan más allá de toda duda razonable (lo que hacemos cuando queremos que algo sea falso). Este enfoque sesgado para interpretar y recopilar datos, lo que los investigadores Max Bazerman y Dolly Chugh llaman *conciencia acotada*, nos impide hacer las preguntas apropiadas que nos ayuden a aprender y mejorar[25].

Aprendiendo a hacer las preguntas indicadas

Si el mundo fuera estático, actuar sin tener que preguntar sería razonable, pero sabemos que ese no es el caso. Por lo tanto, necesitamos pensar en cómo superar nuestra inclinación innata a apresurarnos a las respuestas. En su libro *Walden*, Henry David

Thoreau cita al antiguo filósofo Confucio: "Saber que sabemos lo que sabemos y que no sabemos lo que no sabemos, eso es verdadero conocimiento"[26]. Nuestro objetivo, entonces, es tratar de lograrlo: tratar de comprender lo que sabemos y lo que no sabemos. Así, sabremos qué vacíos llenar.

En palabras del profesor de Stanford, Bob Sutton, el primer paso en esa labor es tener opiniones firmes, pero sin aferrarnos a ellas[27]. En otras palabras, debemos formarnos puntos de vista sólidos sobre cómo creemos que funciona el mundo, porque estos nos darán un punto de partida para el aprendizaje. Sin embargo, una vez que hayamos establecido una opinión, es importante tratar de identificar formas de descubrir qué podría estar mal en ella y estar dispuestos a cambiar nuestra perspectiva cuando obtengamos más información al respecto.

Una forma de hacerlo es rodeándonos de personas talentosas que tengan diferentes puntos de vista acerca de las cosas. Si eres un líder, eso significa formar un equipo con experiencias diversas cuyos miembros estén dispuestos a decirte lo que piensan. Incluso cuando tengas que tomar decisiones individuales, bien puedes construir un equipo que te asesore en la toma de decisiones. ¿Quiénes te dicen siempre lo que piensan aun cuando sus opiniones no te hagan feliz? No se trata de buscar gente que no está de acuerdo contigo solo por el placer de no estarlo (aunque el abogado del diablo a veces desempeña un papel valioso), sino más bien a alguien que aborde los problemas de maneras diferentes a las tuyas y, por esa misma razón, te dé un punto de vista que tú no habías tenido en cuenta hasta ahora. Al acercarte a ese tipo de personas, no solo obtienes su visión de las cosas, sino que también las haces sentirse complacidas al pedirles su opinión.

Además, hacerle preguntas a gente con diferentes perspectivas suele generar nuevas opciones. Por ejemplo, hace varios años, alguien se me acercó a ofrecerme una beca que me permitía visitar una universidad durante todo un año. Se trataba de una gran oferta en una escuela maravillosa y en medio de gente a la que me parecía interesante conocer. Ya estaba listo para decir que sí, pero me di cuenta de que debía analizar en su totalidad esa opción, así que, con esto en mente, me acerqué a una amiga que yo sé que ve el mundo de una manera muy diferente a la mía. Después de que le expliqué sobre esa oportunidad que se me presentaba, su respuesta fue bastante inesperada: me preguntó si también consideraría la posibilidad de visitar su escuela y fue así como terminé pasando el año en Wharton, todo porque hice una simple pregunta.

Además de buscar a otros en busca de distintas perspectivas, también puedes buscarlas por ti mismo[28] haciéndote una simple pregunta: "¿Por qué podría estar equivocada mi perspectiva?". Si te lo propones de verdad, es muy probable que encuentres nuevas alternativas. Si te preguntas: "¿Qué creo que va a pasar?", "¿Qué es lo mejor que podría pasar?" y "¿Qué es lo peor que podría pasar?" y *¿Por qué?* todo el tiempo, lograrás poner a prueba tu perspectiva inicial. A medida que conozcas diversos puntos de vista, comprobarás que hacer preguntas no solo es apropiado, sino necesario. Es muy probable que encuentres actividades interesantes en tu entorno y lo único que necesitas es más información. Todos estos son pasos importantes para superar los límites de tus percepciones. Si tus opiniones son sólidas sobre la base de la información que tienes en este momento, pero estás dispuesto a cambiarlas a medida que aprendes otras cosas, ten la certeza de que siempre estarás aprendiendo.

El segundo paso es abordar los problemas con una *mentalidad de refutación*. El objetivo al considerar tus acciones no debe ser reafirmar: "¿Qué tan correcta fue mi perspectiva inicial?". Más bien, debe ser darte la oportunidad de reconocer que los aprendices efectivos siguen el método científico, es decir, buscan cómo refutar una hipótesis —descubrir que no hay relación entre dos variables—. Probar que tus perspectivas son correctas es difícil, pero siempre es posible refutar el otro lado del argumento. Y a medida que vas descartando cada alternativa, comienzas a centrarte en la correcta.

Para probar este punto en mis clases, uso un simple ejercicio que recibí de Dave Hofmann (aunque no estoy seguro de quién lo inventó). Les muestro a los estudiantes una imagen de estas cuatro tarjetas:

E   K   4   7

Luego, les digo: "Supongamos que cada una de las tarjetas tiene un número en un lado y una letra en el otro y que alguien les dice: 'Si una tarjeta tiene una vocal en un lado, entonces tiene un número par en el otro lado'. ¿Cuáles son las dos cartas que necesitarías voltear para decidir si esa persona está o no en lo cierto?".

La respuesta inmediata que la mayoría de mis estudiantes elige es: "E y 4". Esta parecería ser la elección correcta, ya que confirmaría la regla básica: vocal en un lado = número par en el otro lado. Sin embargo, si lo piensas bien, verás el problema. Necesitas voltear "E", porque si tienes un número impar en el otro lado, sabrás que esa persona no está en lo cierto. Pero voltear "4" no ayuda. Por lo tanto, la regla no es que un número par en un lado deba tener una vocal en el otro. Tampoco necesitas voltear "K", porque la regla no dice nada sobre las consonantes. En su lugar, también debes voltear "7". ¿Por qué? Porque si volteas esa carta y encuentras una vocal, sabrás que esa persona está en lo cierto[29].

Cuando adoptamos una mentalidad de refutación, no solo nos preguntamos: "¿Por qué podría estar equivocada mi perspectiva?", sino que también nos damos a la tarea de identificar cuáles son esas razones específicas por las que podríamos estar equivocados para así buscar la mejor manera de fortalecer dicha alternativa. Este procedimiento difiere de la tendencia que existe al interior de muchas organizaciones de idear un nuevo plan estratégico y luego buscar todas las formas en que podría funcionar —por ejemplo, una cadena minorista que desea lanzar nuevas tiendas más pequeñas—. Identificar desafíos específicos, como competidores fuertes, pero diferentes en ese mercado, asegurará que esos desafíos no conduzcan a un fracaso garantizado o, por lo menos, creará una oportunidad para reducirlo, por ejemplo, reconociendo que el punto de precio tendrá que ser más bajo y rediseñar la cadena de suministro para el nuevo formato.

El tercer paso es escuchar activamente. Si crees que ya tienes la respuesta, no te tomarás el tiempo para escuchar. Con mucha frecuencia, nos encontramos con lo que el sicólogo de Stanford, Lee Ross, junto con sus coautores, han calificado como el *efecto de falso consenso*[30]. Si creemos que todos como grupo vemos lo mismo, no buscaremos nuevas respuestas. ¿Para qué si no hay necesidad? Solo a través de las preguntas comprenderemos que no todos estamos de acuerdo, lo cual nos llevará a obtener valiosos conocimientos por parte de los demás.

Sin embargo, para hacer esto, se requieren buenas prácticas de escucha, como prestar atención a quien te está hablando. Si la interacción —ya sea de forma individual o en una reunión más grande— es lo suficientemente importante como para tenerla, entonces debes estar presente. Si no, evítala. El caso es que, si decides estar allí, no pienses en otros temas, ni hagas algo que es todavía peor: mostrarle a tu interlocutor el poco respeto que le tienes al involucrarte en otras actividades como revisar tu teléfono o tu computador[31]. Cuando estés escuchando, interactúa con la persona que tienes frente a ti, retroalimenta lo que estás escuchando. No tienes que estar de acuerdo con eso, pero asegúrate de captarlo con precisión. Así, evitarás malentendidos posteriores y mostrarás una comprensión clara de una perspectiva diferente que tal vez te sirva para aprender.

Por último, espera antes de comenzar a sacar conclusiones. Sobre todo, cuando hablas con alguien que ve el mundo de manera diferente a la tuya, concéntrate en escuchar a esa persona y procesa lo que escuchas antes de tomar una decisión. Al igual que muchas personas, yo también tengo una inclinación innata a ponerme a la defensiva o a atacar cuando observo que mis opiniones están siendo cuestionadas en medio de una conversación. He aprendido, algunas veces mejor que otras, que en una conversación así necesito escuchar a mi interlocutor para luego tomarme un tiempo a solas con el fin de darle sentido a lo que escuché. También es útil reconocer este tipo de comportamiento en otros —darles el espacio para que piensen en lo que les dijiste y programar otra conversación sobre el tema.

Vivimos en un mundo de respuestas. Sin embargo, si queremos obtener respuestas que aumenten nuestras posibilidades de éxito —tanto ahora como en el futuro— necesitamos reconocer nuestra tendencia a abstenernos de hacer preguntas y a formular preguntas equivocadas. Es mejor seguir el ejemplo de Cade Massey: estar dispuestos a reconocer que "no sé" es un buen lugar para empezar a indagar al respecto y lo más rápido posible.

Capítulo 5

El aprendizaje requiere de recarga y reflexión, no de acción constante

"A veces, debemos permitirle a la mente que se relaje un poco para que pueda recargarse y pensar mejor".
—**Phaedrus**

Los colegas de Kiyotaka Serizawa estaban "asombrados de lo mucho que él trabajaba" en su posición de encargado de los servicios de mantenimiento de unos edificios de apartamentos en la ciudad de Kashiwa, Japón[1]. Con frecuencia, trabajaba más de 90 horas a la semana y dormía tan poco que su madre comentó que, a veces, él se detenía en su casa para tomar una breve siesta cuando iba de camino de una oficina a otra. "Se recostaba aquí en este sofá y dormía tan profundo, que yo me acercaba a observarlo y a asegurarme de que su corazón todavía estuviera latiendo"[2]. Fueron tales los estragos en él, que trató de renunciar a su trabajo, pero su jefe no le aceptó la renuncia y Serizawa continuó trabajando para la empresa porque no quería crear un problema para sus subordinados[3].

Matsuri Takahashi también se vio en una situación similar en su trabajo en publicidad digital en la ciudad de Tokio. Trabajaba tantas horas sin tiempo libre que, con frecuencia, terminaba durmiendo solo dos horas por noche y muchas veces ni siquiera reportaba todas sus horas extra[4].

Por desgracia, el costo final fue nefasto tanto para Serizawa como para Takahashi, pues ambos terminaron suicidándose.

Los japoneses hasta tienen una palabra que define el hecho de morir por exceso de trabajo —*karoshi*—. En 2015, el gobierno certificó a 189 personas como muertas por *karoshi*, aunque los expertos creen que la cifra real podría ser de miles[5].

La buena noticia es que, en la mayoría de los casos, trabajar demasiado tiempo o sin darnos cuenta no tiene consecuencias fatales. La mala noticia es que el *sesgo de acción*, mediante el cual creemos que debemos estar con el motor siempre encendido, obstaculiza nuestro aprendizaje en gran manera.

Recarga y reflexión
—Jay Dvivedi, de Shinsei Bank

El banco japonés, Long Term Credit Bank, se fundó en 1952 para financiar la reconstrucción de las principales industrias del país. En 1998, el LTCB colapsó a causa de casi $40 mil millones en préstamos no rentables. El gobierno se vio obligado a nacionalizarlo para evitar una catástrofe financiera. La posición fundamental del banco en el establecimiento japonés hizo que el colapso fuera impactante y la situación empeoró aún más cuando, en el año 2000, el gobierno se lo vendió a una firma de capital privado estadounidense que le cambió el nombre a Shinsei —"nuevo nacimiento" en japonés[6].

Masamato Yashiro, su nuevo Director General, emprendió un audaz plan de restructuración. Lo primordial consistió en hacer el mayor esfuerzo por construir una presencia minorista para el banco, esencialmente, desde cero. Lograrlo requirió de una infraestructura de TI nueva en su totalidad. Para fortuna suya, Yashiro tenía un líder que sabía que él estaba a la altura de semejante labor. Tan pronto como aceptó el trabajo, Yashiro contactó a su exjefe, el CIO de Citibank Japón, Dhananjaya "Jay" Dvivedi. Su mandato fue sencillo: revolucionar los sistemas de TI de Shinsei, pero de la manera más rápida y barata posible. Dvivedi hizo justamente eso. Remplazó los costosos *mainframes* de la compañía con una plataforma basada en servidor, ahorrando $40 millones en el proceso. Construyó una nueva red de cajeros automáticos con tecnología de bajo costo, por ejemplo, utilizando múltiples conexiones de internet para redundancia en lugar de una línea dedicada mucho más costosa.

Esto le permitió a Shinsei ser el primer banco en Japón en ofrecer cajeros automáticos las 24 horas sin cargo alguno. Dvivedi también desarrolló sistemas y procesos que permitieron que el banco se moviera de manera rentable en los préstamos al consumidor. Al final, logró la transformación requerida en un año y por $55 millones —en el 10% del tiempo promedio y con 25% del costo esperado.

Para la mayoría de los líderes, su tarea hubiera parecido imposible, pero Dvivedi es un aprendiz consumado. Está convencido de que, si se enfoca en comprender los principios básicos, es posible encontrar la respuesta a cualquier problema. Lo que él hizo fue identificar en qué consistía el reto principal y luego creó procesos estándar que resultaran efectivos en gran manera debido a su simplicidad.

Además, Dvivedi posee algo más que la mentalidad adecuada y un enfoque en el proceso. También es un hombre contemplativo. Él sabe reconocer que si está agotado, no podrá entender su entorno, ni aprender. Como resultado de su manera de pensar, practica la meditación y da paseos cortos fuera de su oficina, permitiéndose a sí mismo mantenerse capaz de concentrarse en sus retos. Dvivedi comentó al respecto: "A lo largo de mi carrera, aprendí que el trabajo nunca termina. Siempre hay otra tarea que necesita de mi atención. Por tal razón, necesito tomarme un descanso y meditar o salir a caminar, y luego, con mi mente ya despejada y mi cuerpo energizado, siento que puedo hacer mucho más".

Cada día, Dvivedi le dedica tiempo a la reflexión. Mantiene un diario en el que escribe lo que aprende y lo que piensa al respecto. Sostiene reuniones cortas con su equipo para no solo discutir las actividades del día, sino también para compartir acerca de los desafíos clave que cada miembro enfrenta y discutirlos y reflexionar juntos. Dvivedi afirma: "Cuando me enfrento a un problema en el que no sé qué hacer, trato de tomarme un tiempo para retroceder y pensar. Y luego, si todavía me siento en una encrucijada, dejo de pensar en el asunto por un rato y lo retomo más tarde. Por lo general, me funciona". Su enfoque en cuanto al aprendizaje resalta el hecho de que, para lograr un aprendizaje efectivo, se requiere de un espacio para la reflexión.

¿Por qué la reflexión conduce al aprendizaje?

La quietud proporciona dos ganancias: reflexión y rejuvenecimiento. Thomas J. Watson Sr. fue el CEO de IBM y quien, con el paso del tiempo, convirtió a la compañía en una organización global importante. La historia cuenta que en 1911, cuando Watson trabajaba para National Cash Register, se encontraba en una reunión con los gerentes de ventas y se sintió frustrado por la falta de buenas ideas entre los asistentes, así que los exhortó diciendo: "El problema con cada uno de nosotros es que no pensamos lo suficiente… El conocimiento es el resultado de pensar, y pensar es la clave del éxito en este negocio o en cualquier otro"[7]. Desde entonces, Watson decidió que "*THINK*" (pensar en inglés) sería el eslogan de la compañía y, cuando se vinculó a IBM, se llevó el lema con él. El concepto invadió la cultura de IBM a lo largo de los años hasta que, finalmente, "*THINK*" se convirtió en una marca registrada de IBM y la compañía nombró a su computadora portátil ThinkPad.

La manera en que la reflexión conlleva al aprendizaje es bastante simple: el hecho de pensar acerca de lo que está ocurriendo a nuestro alrededor genera conocimiento. ¿Pero no podemos también aprender haciendo? Si el equipo de vendedores de Watson hubiera solo estudiado las ventas y pensado solo en el proceso de ventas, ¿no se habría perdido de las experiencias involucradas en la venta real? Sí, por supuesto. La curva de aprendizaje —el concepto de que el nivel de desempeño se incrementa, aunque a un ritmo decreciente, con cada experiencia adicional— es fundamental para nuestra comprensión del aprendizaje y la analizaremos más adelante en el Capítulo 8. Por ahora, veamos cómo el hecho de disminuir la velocidad de nuestra ocupada agenda y relajar la mente incrementa nuestra manera de aprender.

Pensar despacio versus pensar rápido

Los investigadores plantean que hay dos sistemas por medio de los cuales procesamos la información y, por lo tanto, aprendemos[8]. El primero es un sistema experiencial de descarga rápida, típicamente automático e inconsciente. Cuando aprendemos qué hacer en una situación determinada —por ejemplo, cómo calmar a un cliente irritado—, actuamos de acuerdo con esa rutina aprendida sin detenernos a pensar si eso que estamos haciendo en realidad se ajusta a la circunstancia que estamos afrontando en el momento. El segundo sistema para procesar información es un enfoque lento, consciente y controlado. Si el primer sistema sigue rápidamente las reglas que hemos creado, el segundo sistema es donde se hacen esas reglas.

Esto encaja con el punto de vista del erudito en aprendizaje, Chris Argyris, quien sostiene que este es un proceso tanto de un solo ciclo como de doble ciclo[9]. Argyris ilustra su concepto con el ejemplo de un termostato.

El aprendizaje de un solo ciclo se asemeja a cómo, cuando la temperatura varía de la configuración establecida, el termostato responde de inmediato al encender el sistema de calefacción o enfriamiento para volver a la configuración deseada. Cuando involucras tu sistema de aprendizaje experiencial, descubres cómo utilizar las reglas, los objetivos y los procesos existentes para realizar cualquier tarea que enfrentes. Hasta ahí, todo bien. Pero, señala Argyris que, con el tiempo, comprender las causas fundamentales y mejorar requiere de un aprendizaje de doble ciclo. Eso implica preguntar: "¿Por qué el termostato está ajustado a una temperatura determinada?". Para responder, debes activar tu enfoque consciente y controlado en el procesamiento de la información.

Esta visión de doble ciclo tiene sus raíces en la neurociencia. La investigación que utiliza imágenes de resonancia magnética funcional (IRMF) afirma que los cambios neuronales que resultan del aprendizaje experiencial difieren de los que resultan del aprendizaje impulsado por la reflexión[10].

El proceso de doble ciclo genera dos beneficios principales en el proceso de aprendizaje. El primero, es cognitivo: construimos conocimiento. A medida que tomas tiempo para pensar, reconoces cosas que ya sabías, solo que no te habías tomado el tiempo necesario para entenderlas. Además, haces conexiones entre nuevas ideas. Y a medida que reflexionas e identificas lo que no sabes, vas descubriendo estrategias para llenar esos vacíos.

El segundo beneficio es comportamental: la reflexión construye autoeficacia —"confianza en nuestra capacidad para organizar y ejecutar el curso de acción requerido para manejar posibles situaciones"[11]—. Sentirse competente y capaz es una motivación esencial para el ser humano[12]. Al reflexionar sobre lo que sabes, identificas qué tanto es tu nivel de conocimiento y, a menudo, descubres que sabes más de lo que pensabas, sobre todo porque se vuelven evidentes frente a ti todas las fortalezas y los aspectos positivos de tus experiencias pasadas[13].

Como dijo Stan Smith, la leyenda del tenis: "La experiencia te dice qué hacer; la confianza te permite hacerlo".

Para comprender la influencia que ejerce la reflexión sobre el aprendizaje, mis colegas Giada Di Stefano, Francesca Gino y Gary Pisano y yo realizamos un experimento de campo con una organización de servicios de tecnología[14]. Tengo que admitir que, cuando comenzamos el trabajo, yo estaba escéptico con respecto a lo que encontraríamos. No es que pensara que la reflexión no funciona, sino que asumí que, en un entorno real, la gente ya estaría reflexionando —en tal manera, que cualquier resultado que encontráramos sería mínimo—. Sin embargo, promover un mayor nivel de reflexión no causaría ningún daño, así que diseñamos nuestro plan para observar su impacto en un entorno de alto nivel de conocimiento.

Para esto, lo que hicimos fue enfocarnos en cómo la compañía preparaba a sus agentes en el manejo de la voz y del chat con los clientes. Los agentes pasaban por cuatro semanas de entrenamiento técnico, al final de las cuales tomaban un examen para demostrar su competencia técnica. Fallar el examen significaba abandonar la empresa. Comenzamos asignando al azar a 103 personas, bien fuera al grupo de control que recibió la capacitación estándar o al grupo de tratamiento que recibió una corta charla informativa. Al comienzo del sexto día de capacitación, los agentes del grupo de tratamiento recibieron unos diarios y se les pidió que, al final del día, se tomaran 15 minutos de reflexión enfocándose en algo que hubieran aprendido durante su jornada laboral y lo escribieran allí. Les dijimos: "Por favor, reflexionen y escriban, por lo menos, dos situaciones que les hayan generado un conocimiento clave y sean lo más específicos posible". Los participantes hicieron este ejercicio durante 10 días y, después de finalizar la capacitación, tomaron su prueba de competencia técnica.

Les pedimos a ambos grupos que reportaran cuánto creían haber aprendido. Las personas en el grupo de tratamiento que llevaron un diario de reflexión reportaron un mayor nivel de aprendizaje individual, aunque la diferencia no fue demasiado significativa. Sin embargo, cuando vimos los resultados de las pruebas, la diferencia nos dejó pasmados. Los que habían llevado el diario obtuvieron un puntaje 31% más alto que el grupo de control, incluso cuando consideramos muchos otros factores, como la edad, la experiencia y el género.

Para comprender por qué se produjo este efecto, fuimos al laboratorio para realizar un experimento en el que les enseñamos a los participantes la simple tarea de sumar hasta 10: se trataba de observar una cuadrícula de 4 × 3 y hacer clic en los dos números que sumaran 10. Identificar el par en la siguiente cuadrícula:

8.18	9.01	3.97
5.2	4.56	9.12
0.28	2.92	6.59
1.12	6.93	9.72

La respuesta es 0.28 y 9.72. Con la práctica, uno se vuelve más rápido para identificar el par correcto. Aleatoriamente, les asignamos a unos participantes un ejercicio en el que tenían que practicar completando más rompecabezas durante tres minutos, mientras que otros tenían que hacer una reflexión en la que pensaran cómo mejorar. El resultado arrojó que el grupo que hizo la reflexión superó al grupo de práctica en más del 20%.

Cuando estés tratando de aprender, además de tomarte el tiempo para reflexionar, asegúrate de que tu cuerpo esté descansado y recargado por completo. Es fácil olvidar la fisiología cuando uno se enfoca en ejercicios cognitivos, pero es necesario tener en cuenta que prepararnos para aprender no significa preparar tan solo el cerebro, ya que, cuando nos sentimos descansados, estamos en capacidad de aprovechar al máximo nuestros caballos de fuerza analíticos. De esa manera, será más probable que nos demos cuenta de los detalles que nos rodean y no solo de un aspecto en particular de alguna situación o tal vez ni siquiera veamos nada en especial. En conclusión, es imposible cumplir con tareas altamente exigentes, ya sean cognitivas o físicas, por tiempo indefinido; los descansos —tanto durante el día como a lo largo de los días— nos permiten recuperarnos y volver a concentrarnos para seguir avanzando y siendo productivos.

Desafíos que nos impiden aprender mediante el uso de la reflexión

Esto de la reflexión es simple, pero poderoso. Sin embargo, las prácticas de reflexión y relajación son instrumentos que faltan en el equipo de herramientas de la mayoría de los estudiantes. ¿Por qué? Decidí investigar este tema, en parte, debido al escepticismo. Yo mismo enseñé programas que incluían diarios de aprendizaje, pero debo admitir que, al comienzo, los asignaba por obligación y no porque creyera en su valor inherente. No obstante, a medida que fui estudiando el tema y dándome cuenta de que aprendemos mejor trabajando menos, pude comprender por qué este es un enfoque tan contradictorio.

Una sencilla historia acerca de los porteros de fútbol ilustra el desafío que la mayoría de nosotros enfrentamos. En Ben-Gurion University, Michael Bar-Eli y sus colegas examinaron casi 300 tiros de penal contra los porteros en campeonatos profesionales.[15] Para hacer un tiro de penal, la pelota debe estar ubicada a 11 metros de la línea del arco y centrada en la meta. El portero debe permanecer en la línea, pero puede moverse hacia la izquierda o hacia la derecha antes de que el jugador patee la pelota. Cuando el árbitro toca el silbato, el atacante corre hacia la pelota y la lanza hacia el arco. Incluso en el nivel profesional más alto, los tiros de penal suelen dar como resultado un gol. Los investigadores encontraron que los porteros saltan a la izquierda el 49.3% de las veces, a la derecha el 44.4% de las veces y permanecen en el centro el 6.3% del tiempo. Sin embargo, las patadas van a la izquierda, a la derecha o al centro el 32.2%, el 28.7% y el 39.2% de las veces, respectivamente. Así, los autores del experimento concluyeron que quedarse en el centro podría haber detenido el 33.3% de los tiros, mientras que saltar a la izquierda o a la derecha solo hubiera detenido 14.2% o 12.6% de los tiros, respectivamente.

Entonces, los porteros tienen más del doble de probabilidades de detener una patada si se quedan quietos, ¿por qué no lo hacen? Esa es la misma razón por la cual nosotros no nos tomamos el tiempo para reflexionar o recargarnos de energía: porque, con demasiada frecuencia, tenemos un sesgo de acción. Es decir, preferimos que nos vean haciendo algo, que no haciendo nada. Las normas dicen que, cuando necesitamos trabajar, debemos comenzar a trabajar; que cuando las cosas se ponen duras, nosotros también debemos reaccionar con dureza, ¿verdad? Así que, todas estas normas se mantienen firmes en nuestra mente. Dan Cable y Kim Elsbach realizaron una investigación fascinante relacionada con el uso del tiempo pasivo —el hecho de ser observados en nuestro lugar de trabajo sin hacer nada[16]—. Y en esa serie de entrevistas y experimentos que realizaron para obtener material de estudio, ellos encontraron que ser vistos temprano o tarde en el lugar de trabajo hace que los empleados sean evaluados como "comprometidos" y "dedicados".

Investigaciones adicionales respaldan el hecho de que muchos de nosotros consideramos que trabajar constantemente es una medida de estatus. Por ejemplo, Silvia Bellezza, Neeru Paharia y Anat Keinan llevaron a cabo experimentos en los que encontraron que dar señal de estar muy ocupados —bien sea comprando en una tienda en línea y no en una tienda real, o usando auriculares Bluetooth inalámbricos en lugar de un par de auriculares con cable— es un hecho que, en Estados Unidos, les da a las personas un mayor estatus, según la opinión de los participantes[17].

En este caso, la sabiduría convencional (como suele ocurrir en otras partes) es incorrecta, al menos cuando se trata de aprender. Erin Reid, profesora de Boston University, estudió el exceso de trabajo en consultores para ver cómo este afectaba su nivel de rendimiento[18]. Reid encontró que aunque los jefes penalizaban a los empleados que admitían haber dedicado menos tiempo en el trabajo, no tenían forma de distinguir entre los que realmente trabajaron por mucho tiempo y los que dijeron haberlo hecho. Tampoco encontraban la diferencia en el rendimiento entre los que trabajaron más horas y los que trabajaban menos. Entonces, volvemos a la pregunta: ¿por qué nos negamos a hacer una pausa? La respuesta es: por cuatro razones.

La primera, es la culpa, —arrepentimiento con respecto a un curso de acción alternativo—. En el ejemplo del fútbol, los investigadores les preguntaron a los porteros profesionales cuál era su estrategia óptima para prevenir los goles durante los tiros penal[19]. La mayoría respondió que se tiraba de cabeza en lugar de quedarse en el centro del arco. Y cuando se les preguntó por qué, a menudo respondieron que se habrían sentido culpables de que les hicieran gol al haberse quedado quietos en el centro en lugar de haberse lanzado. En otras palabras, querían ser vistos haciendo algo, incluso si ese algo estaba mal. Dado que la mayoría de las tareas que requieren nuestra atención implican incertidumbre, es inevitable que a veces tomemos la decisión equivocada. Recuerda, aunque permanecer en el centro duplicaría las posibilidades de un portero de detener el tiro penal, esa estrategia solo tendría éxito en un tercio del tiempo. Desafortunadamente, este temor de tomar la decisión equivocada nos impide seguir estrategias que podrían ayudarnos tanto ahora como a largo plazo.

La segunda razón por la cual nos negamos a hacer una pausa es porque confundimos acción con progreso. En su libro *The Progress Principle*, Teresa Amabile y Steven Kramer exploran la poderosa motivación y el compromiso que surgen cuando las personas generan un resultado positivo y significativo para ellas en su lugar trabajo[20]. En otras palabras, sentirse bien acerca del progreso tiende a generar ciclos virtuosos en los que, con el tiempo, las pequeñas victorias se suman hasta convertirse en una gran victoria. Los investigadores utilizaron diarios de estudio en los que los que, los trabajadores que estaban siendo parte del estudio, escribían lo que les sucedía en un día determinado. Posteriormente, los investigadores analizaron esos diarios y encontraron parámetros que revelaron que los pequeños eventos dentro de la jornada laboral (no solo el progreso, sino también factores como la forma en que los líderes tratan a los trabajadores) marcan un impacto significativo en la creatividad, la innovación y el aprendizaje[21].

Sin embargo, nuestro deseo de progreso puede afectarse en ambos sentidos. Por ejemplo, completar tareas pequeñas, pero relativamente sin importancia, produce un sentimiento inicial positivo, pero luego, nos damos cuenta que tenemos muy pocos resultados para mostrar. Los investigadores estudiaron este aspecto mediante un ejercicio referente al pago de unos préstamos. Imagínate que tienes varios préstamos por diferentes cantidades con diferentes tasas de interés. Desde el punto de vista racional, primero, debes pagar el préstamo con la tasa de interés más alta, aunque solo sea parcialmente, para reducir tus gastos de intereses. El hecho es que los investigadores descubrieron que, a menudo, las personas deciden pagar primero un préstamo pequeño con una tasa de interés más baja para reducir la cantidad de préstamos que tienen pendientes[22]. Diwas KC, Francesca Gino, Maryam Kouchaki y yo investigamos que lo mismo ocurre en las salas de emergencias. A medida que los médicos se van sintiendo cada vez más ocupados, es más probable que trabajen y den de alta a los pacientes con menores complicaciones de salud con el fin de ir desocupando el área. Es obvio que esta solución suele ser menos que óptima. Cuando se trata de aprender, con frecuencia y de manera incorrecta, vemos la acción y el progreso como sinónimos, pero es necesario diferenciarlas para superar el sesgo de acción.

La tercera razón por la que no tomamos descansos para recargarnos y reflexionar es que subestimamos los resultados de hacerlo. Esto se observa en la investigación realizada sobre el impacto de la carga de trabajo en el nivel de rendimiento. Por lo general, los investigadores que realizaban estudios sobre el desempeño asumían que la cantidad de trabajo que se necesitaba hacer no tenía ningún impacto sobre la tasa o la calidad del desempeño. La experiencia muestra que este no es el caso, motivo por el cual Diwas KC y Christian Terwiesch se propusieron demostrar que el nivel de desempeño sí cambia con la carga de trabajo[23]. En su estudio con un grupo de trabajadores de la salud, ellos observaron que los trabajadores se aceleraban cuando tenían más trabajo por hacer —y que el aumento de velocidad era insostenible—. Si los trabajadores intentaban (o se veían forzados a) mantener ese ritmo, su nivel de rendimiento se veía afectado dramáticamente. En mi experiencia, yo también identifiqué el mismo patrón en los trabajadores de un banco japonés, y Stefan Scholtes, de Judge School of Business de Cambridge University, y sus colegas encontraron en un estudio enfocado en hospitales que la calidad en sus resultados disminuyó[24].

Aunque muchos reconocen que el exceso de trabajo tiende a tener un impacto negativo en *los demás*, no creen que les afectará a ellos. En la investigación que conduje junto con Hengchen Dai, Katy Milkman y Dave Hofmann observamos el cumplimiento de las normas de higiene de las manos en los hospitales[25]. La higiene adecuada de las manos es un factor clave para prevenir posibles infecciones adquiridas en los hospitales que son la causa principal de muertes totalmente prevenibles. Obtuvimos datos de identificación por radiofrecuencia (RFID) que quedaron registrados cada vez que los cuidadores ingresaron a las habitaciones del hospital para ver si se lavaron o no las manos al entrar y salir de cada habitación. Analizamos casi 20 millones de observaciones en

35 hospitales y descubrimos que el cumplimiento de esa norma no solo decayó casi 9 puntos porcentuales (de 59% a 50%) desde el inicio del turno hasta el final, sino también que esta disminución ocurrió con más rapidez cuando los cuidadores tuvieron turnos más ocupados. Cuando hablo de estos resultados con los profesionales de la salud, a la mayoría le sorprende lo enorme que resulta esta disminución.

Las investigaciones que analizan los efectos negativos de la privación del sueño encuentran una desestimación similar. Solo entre el 1% y el 3% de las personas aún pueden funcionar en un nivel alto después de solo cinco o seis horas de sueño. Sin embargo, muchas personas piensan que pueden. (Solo el 5% de los que creen que serían de alto funcionamiento en realidad lo son)[26].

Como vemos, no solo subestimamos la forma en que el trabajo impide continuamente nuestro nivel de desempeño, sino que tampoco reconocemos que tiende a cambiar en gran manera la forma en que abordamos la tarea en sí. Anita Tucker, profesora de Boston University, ha pasado gran parte de las últimas dos décadas observando el aprendizaje en el cuidado de la salud. Su trabajo ha generado muchos puntos de vista importantes, pero el más importante, en mi opinión, es que los profesionales ocupados se involucran en el aprendizaje de un solo ciclo a expensas del aprendizaje de doble ciclo. En otras palabras, cuando están ocupados y se encuentran con un problema, en lugar de identificar cuál es su causa y aprender a resolverlo, lo que hacen es limitarse a optar por una solución rápida[27]. Este tipo de solución es problemático no solo porque ellos pierden oportunidades de aprendizaje. Además, el trabajo de Tucker muestra que, por lo menos, en lo referente a la atención médica, las soluciones rápidas tienden a suscitar nuevos problemas —como cuando una enfermera decide usar una jeringa de tamaño incorrecto al que necesita para aplicar una inyección y, por esa razón, termina dándole la cantidad de medicamento equivocada al paciente—. Todos creemos que cosas como estas no nos sucederán a nosotros, pero cuando trabajamos y trabajamos y seguimos adelante sin parar en lugar de tomarnos un tiempo para recargarnos y reflexionar, el costo de nuestro exceso de trabajo y falta de descanso es mucho mayor de lo que creemos.

El cuarto factor detrás del sesgo de acción es que tendemos a subestimar los posibles beneficios de poner en práctica la reflexión y el descanso. Como lo mencioné antes, incluso como estudioso del aprendizaje, yo también era escéptico con respecto al valor de la reflexión, así que decidí realizar un estudio para convencerme a mí mismo y resultó que yo no estaba solo en mi escepticismo. Ampliando el trabajo con Giada DiStefano, Francesca Gino y Gary Pisano decidimos darles una opción a los participantes en este estudio. Después de completar cinco cuadrículas de sumas para llegar al 10, les preguntamos si querían pasar tres minutos practicando más sumas o preferían tres minutos de reflexión. Más del 80% eligió seguir practicando en lugar de reflexionar. Pero cuando completaron 10 cuadrículas más, el grupo de reflexión superó al grupo de práctica en más del 20%.

Cuando estamos trabajando y empezamos a debatirnos entre tomar esa caminata corta para tomar un descanso o hacer una lluvia de ideas durante cinco minutos sobre el problema que tenemos en mente, tendemos a pensar que ese tiempo de no actuar no nos ayudará mucho, aunque a menudo lo haga. En otro estudio, Pradeep Pendem, Paul Green, Francesca Gino y yo decidimos observar cuál es el impacto que ejercen las interrupciones inesperadas en el nivel de desempeño de los trabajadores[28].

Nuestro entorno era único: unos campos de tomate. Allí, los trabajadores conducen grandes cosechadoras para recolectar los tomates maduros. Una cortadora oscilante ubicada al frente de cada máquina corta las plantas desde la raíz; luego, los tomates —con todo y tierra y otros desperdicios— pasan por una serie de transportadores, sensores optoelectrónicos y clasificación manual antes de ser descargados en remolques que están a la espera. A veces, los remolques se retrasan y esto hace que los operadores de las cosechadoras obtengan un breve descanso. Un descanso inesperado era fantástico para nosotros como investigadores, porque nos permitía buscar efectos causales. En conclusión, encontramos que un descanso de tal vez cinco minutos tendía a mejorar la productividad de los trabajadores en más del 10%. Luego, repetimos nuestros análisis en el laboratorio, brindándoles a los participantes descansos breves e inesperados y de nuevo encontramos diferencias de rendimiento significativas.

La reflexión y su influencia positiva en el aprendizaje

¿Cómo asegurarte de seguir los consejos de Phaedrus para distraer la mente y pensar mejor? Mediante cinco estrategias. La primera, es separando tiempo para pensar. Al describir su fuerza de ventas, Thomas Watson Sr. afirmó: "No nos pagan por trabajar con nuestros pies; nos pagan por trabajar con nuestra cabeza"[29]. Sin embargo, los horarios atiborrados de la mayoría de las personas proporcionan suficiente evidencia del tiempo que ellas les dedican a sus pies, al menos, metafóricamente hablando, ya que se apresuran desplazándose de una tarea a otra. Al principio de mi carrera, me aconsejaron que determinara a qué hora del día pensaba mejor y que separara unas cuantas horas para escribir en ese espacio. Suelo ser más productivo en la mañana, así que ahora "escribir" está al comienzo de mis actividades diarias. No siempre logro separar ese tiempo; a veces, reuniones o clases importantes se interponen en el camino, pero debido a que he separado ese espacio, tengo que decidir de manera consciente que lo utilizaré en otras actividades.

Como líder, tú puedes alentar a las personas con las que trabajas a hacer lo mismo —y luego respetarles ese tiempo que ellos hayan separado—. Por ejemplo, Tommy Hilfiger y otras organizaciones han optado por dejar sus agendas de los viernes sin reuniones con el fin de darles a sus trabajadores el tiempo necesario para pensar y hacer su trabajo.

Jon Jachimowicz, Julia Lee, Francesca Gino, Jochen Menges y yo investigamos si la reflexión antes de iniciar el día, y no al final, eleva el nivel de rendimiento. Sabíamos que, en promedio, los trabajadores no tienen tiempo para reflexionar lo suficiente durante su jornada de trabajo y que a la mayoría no le gusta el hecho de tener que desplazarse desde su vivienda hasta su lugar de trabajo. Así que decidimos ver si podíamos abordar ambos desafíos al mismo tiempo.

Después de los estudios preliminares, reclutamos a 600 empleados de tiempo completo que tenían que transportarse, por menos 15 minutos, para ir a trabajar. Durante las siguientes cuatro semanas, los encuestamos a diario mediante cuestionarios cortos. A las dos semanas, los asignamos aleatoriamente a uno de tres grupos: un grupo de control, un grupo de diversión o un grupo de reflexión. No cambiamos nada en el grupo de control y le pedimos al grupo de entretenimiento que hiciera algo agradable durante sus viajes diarios. El grupo de reflexión recibió el siguiente texto cada día durante la tercera y cuarta semanas:

"Estamos interesados en la manera en que las personas pasan tiempo durante su viaje al trabajo. A muchas, les resulta útil centrarse en cuál será su plan para el día o su semana laboral que viene y reflexionar sobre cómo estos planes les ayudarán a lograr sus objetivos personales y profesionales. Nos gustaría invitarte a que hagas lo mismo durante el tiempo que te toma ir a tu trabajo. Pregúntate, por ejemplo, ¿cuáles son las estrategias que usas para ser productivo durante la semana? ¿Qué pasos podrías dar hoy y durante esta semana para acercarte a tus objetivos laborales, así como a tus objetivos personales y profesionales? Utiliza tu tiempo de viaje para centrarte en tus objetivos y hacer tus planes futuros".

Luego, volvimos a encuestar a los dos grupos y observamos que los miembros del grupo de reflexión mejoraron sus resultados de trabajo y redujeron el impacto negativo que ejercía sobre ellos el hecho de tener que desplazarse. Y es más: otras investigaciones muestran que reflexionar con cierta frecuencia sobre el rendimiento es beneficioso no solo para los individuos, sino también para los equipos[30]. El objetivo es contribuir al aprendizaje haciendo de la reflexión una parte habitual y continua de tu trabajo. Que aprendas a tomarte el tiempo para interactuar con tu acompasado y reflexivo sistema de procesamiento de información es una forma poderosa de iniciar el aprendizaje de doble ciclo.

Algunas veces, la gente se resiste a tomarse el tiempo para reflexionar, creyendo que a lo mejor su mente comenzará a divagar o a aburrirse. ¡Mi respuesta a esa duda es *sí!* Cuando estamos aburridos y dejamos que nuestra mente divague, tendemos a ser más creativos. Es por eso que, cada vez que asisto a reuniones o eventos grupales, trato de tener siempre una libreta de notas a la mano porque, con mucha frecuencia, soy más creativo cuando me he alejado del tema y me sumerjo en mis pensamientos. Algunas investigaciones respaldan esta idea en vista de que han encontrado que el aburrimiento conlleva a la creatividad[31]. Entonces, procura guiar tu reflexión centrándote en un tema específico, pero si te alejas de él en un momento determinado, simplemente, déjate ir y observa qué sucede.

La segunda estrategia es incorporar *premortems* para tus decisiones más importantes. El sicólogo Gary Klein ideó esta estrategia buscando entender cómo hacer que los equipos de proyectos profundicen y aprendan a aumentar su probabilidad de éxito. Klein y sus colegas descubrieron que, cuando los miembros del equipo imaginaban que su proyecto ya había terminado, su capacidad para identificar posibles resultados mejoraba en un 30%[32]. Sobre la base de este hallazgo, Klein creó la idea del *premortem*. En una autopsia, un profesional médico examina un cadáver para comprender la causa de su muerte. En un *premortem*, un individuo o un equipo pregunta: "Si dentro de 12 meses a partir de ahora, yo he (o nosotros hemos) fallado estruendosamente, ¿a qué se debió?". Esta técnica no solo te obliga a pensar con total detenimiento sobre un tema, sino que también te muestra la posibilidad de que las cosas salgan mal y, por lo tanto, te lleva a elaborar ideas más creativas. Un *premortem* también te ayudará a evitar la posibilidad de una excesiva autoconfianza y suposiciones con respecto a que tus ideas son siempre exitosas. Y además, pone en funcionamiento el proceso de aprendizaje antes de que el trabajo real comience.

La tercera estrategia es llevar a cabo una revisión posterior a la acción (RPA). En este caso, la reflexión crea una oportunidad para aprender de lo que sucedió con el fin de tenerlo en cuenta para mejorar el trabajo futuro. Las RPA son una práctica común en diversos campos de acción alrededor del mundo, desde el ejército hasta la tecnología, la atención de la salud y el entretenimiento[33]. Al programar revisiones periódicas, se genera una reflexión con respecto a cómo se realizó el trabajo.

Las RPAs comienzan comparando lo que sucedió en la realidad con lo que se esperaba identificar, bien sea positivo o negativo. Para lograr una RPA exitosa, es importante mantener en mente cuál es el objetivo —de qué se trata el aprendizaje—. Esto podría implicar el hecho de tener que recurrir a alguien externo que contribuya a facilitar la discusión grupal —ayudando así a evitar la culpa— o involucrar a un amigo o colega si estás revisando tú mismo tus actividades. Luego, es importante que obtengas un panorama completo de lo que sucedió (o no) con el trabajo. Eso significa recopilar información y perspectivas de otros, y no solo limitarte a las tuyas. Utiliza tu habilidad para hacer preguntas y trata de profundizar y comprender las causas fundamentales de los diversos resultados. Por último, enfócate en identificar qué prácticas sería importante que mejoraras para el futuro. Como parte de este proceso, asegúrate de mantener una mentalidad abierta. Sí, los pequeños pasos deben abordarse en la categoría de aprendizaje de ciclo único, pero participa en el aprendizaje de doble ciclo para abordar las causas fundamentales identificadas y analizar la posibilidad de implementar nuevos enfoques para la realización del trabajo. ¿Cómo lo harías esta vez si tuvieras la opción de empezar de nuevo?

La cuarta estrategia es tener un horario para tomar descansos. Si deseas enfocarte en aprender con éxito, asegúrate de tomarte el tiempo suficiente para recargarte durante tu jornada laboral, entre jornadas laborales y durante tus vacaciones. Algunas investigaciones han tratado de identificar cuáles son esos horarios óptimos para relajarnos en medio de nuestra jornada laboral y la recomendación al respecto es procurar tomarnos un descanso cada 25 o 52 o 90 minutos[34]. Estos hallazgos suelen ser específicos para cada situación. Es poco probable que un período de tiempo entre descansos sea adecuado para todos o incluso correcto para la misma persona todo el tiempo. Lo que es importante reconocer es que, a medida que tu trabajo se vuelve más intenso, necesitas acortar el tiempo entre un descanso y otro. La otra clave es pensar en cómo asegurarte de tomarte ese descanso. La Técnica Pomodoro, de Francesco Cirillo —que utiliza un temporizador de cocina programado a 25 minutos—, es un poco extrema, pero, a veces, efectiva para hacer cumplir esa norma[35]. Recuerda que tu cerebro trabaja contra ti cuando se trata de descansos, así que usa tu horario, un colega o incluso un temporizador de cocina que te ayuden.

A medida que incorporas pausas en la jornada laboral, asegúrate de que de verdad te sirvan para recargarte. Un descanso para encargarte de solucionar un problema de disciplina de tu hijo en la escuela no es el más adecuado si se trata de relajarte. Y cuando queramos hacer una pausa para recargarnos y reflexionar, las evidencias son abrumadoras al insistirnos en que incorporemos movimiento y, si es posible, salgamos de nuestro lugar de trabajo[36]. Tal vez, pensamos que ir a nuestra página de Facebook o ponernos al día en Twitter es reparador, pero rara vez lo es. Nos distraemos, lo cual, a veces, resulta útil, pero no tenemos la oportunidad de recargarnos y pensar. Levantarse y caminar es un gran comienzo. Aún mejor, ve a la oficina de un colega o sal a dar un paseo rápido. Para mí, eso de salir y alejarme por un rato de mi oficina es la parte más difícil, pero siempre me siento mejor y más dinámico después de dar una vuelta rápida por el campus o de asomar la cabeza para conversar brevemente con un amigo.

Además de incorporar descansos dentro de tu jornada laboral, asegúrate de que el tiempo después del trabajo sea a la vez rejuvenecedor y relajante. Haz algo que te guste, aunque sea brevemente. Dale un descanso a tu cerebro haciendo ejercicio o practicando un deporte; las investigaciones muestran que el ejercicio regular aumenta el tamaño del hipocampo, el área del cerebro que nos ayuda a aprender[37]. Lee un rato o entabla una conversación informal con un amigo. Cuanto más duro haya sido tu día, más recarga necesitas. En el estudio ya mencionado acerca de la higiene de las manos observamos que cuando los cuidadores tenían días de trabajo más intensos, necesitaban más tiempo libre para recuperarse y regresar a su rutina de trabajo[38]. Por último, asegúrate de dormir lo suficiente. Ariana Huffington es una escritora que está a la vanguardia en lo referente a explicar por qué el sueño es tan importante en relación con la productividad, el aprendizaje y la salud[39], y afirma que, en muchos casos, lo mejor que puedes hacer para aprender no es seguir trabajando, sino irte a la cama y descansar para estar listo a afrontar el día desde por la mañana.

La quinta y última estrategia es irte de vacaciones. Alejarte del trabajo es importante para evitar el agotamiento, recuperar la energía y despejar tu mente para que esté lista para futuros aprendizajes. Un estudio descubrió que, en promedio, los estadounidenses tienen 18 días de vacaciones, pero solo toman 16[40]. Con qué frecuencia tomar vacaciones, por cuánto tiempo y dónde ir, todas estas preguntas tienen multitud de respuestas individualizadas. El consejo general para las dos primeras es: con más frecuencia de la que piensas y por más tiempo del que crees. Con respecto a la tercera, es importante tomar vacaciones que te permitan escapar. Para algunos, ese siempre será su estilo favorito de vacaciones. Para muchos otros, sus gustos vacacionales irán evolucionando de acuerdo a las exigencias de su vida. Antes de tener a nuestros hijos, mi esposa y yo íbamos a la playa cuando estábamos demasiado agotados o visitábamos otros países cuando nos sentimos energéticos. Cuando nuestros hijos eran pequeños, el trabajo cognitivo era fatigante y cuidar a tres niños era todavía más agotador. Así que, en ese entonces, nuestra fuga familiar consistía en divertirnos en Disney World. Mickey me encantaba, aunque no me considero un "Disneyfilo", pero en Disney todo está a pedir de boca, el clima es siempre cálido y todo eso me ayudaba a recargarme por completo. Ahora, con la familia en una etapa diferente, nuestras vacaciones se han trasladado a destinos más activos. Sin embargo, te aconsejo que evites ese tipo de vacaciones que te haga sentir que necesitas tomar unas vacaciones cuando regreses; procura encontrar las que te permitan escapar.

Cuando se trata de la gestión del tiempo, con el propósito de aprovechar el tiempo de aprendizaje de manera más efectiva, enfócate en el fin, no en los medios[41]. El Capítulo 3 hace referencia a las razones por la cuales el proceso es vital en el aprendizaje. Lo que quiero decir es que ya sea que estés liderando a otros o solo a ti mismo, trata de no confundir la acción con el progreso. Reconoce que tú necesitas, al igual que otros, estructurar el tiempo de diferentes maneras. Por ejemplo, en un estudio realizado en Stanford, Nick Bloom y sus colegas descubrieron que los trabajadores de los centros de llamadas eran más productivos cuando podían telecomunicarse y, por lo tanto, no estaban restringidos por las normas de la oficina[42]. Así que, no juzgues las estrategias de tiempo de los demás si estas apoyan sus objetivos de aprendizaje.

La siguiente es una importante advertencia con respecto a los horarios: destinar tiempo para realizar actividades varias es crucial y útil, pero recuerda que el aprendizaje no ocurre de una manera tan controlada. A pesar de que te gustaría programar cierta hora para aprender y tener una respuesta al final de esa hora, necesitas un poco de tiempo de inactividad y relajación para reflexionar y pensar, ya que es posible que ese aprendizaje requiera de más tiempo del que quisieras. No todas las ideas son útiles de inmediato, pero es fundamental que te tomes el tiempo para dejar que tus pensamientos se decanten.

Escribir este libro fue un ejemplo maravilloso, aunque a veces frustrante, de ese proceso. Si bien refleja el trabajo que estuve haciendo durante los últimos 10 o más años, tratar de entender cómo encajar las piezas y cómo construir la narrativa fue todo un aprendizaje para mí. Reservaba tiempo de manera responsable y sistemática para hacer este trabajo, pero, a veces, no lograba controlar mi horario y mi tiempo para escribir se me iba en otras actividades —como cuando enseñaba de 8:00 a 3:20 los martes—. Entonces, el lado de mi cerebro que busca productividad se frustraba ante las oportunidades perdidas. Sin embargo, notaba que, cuando retomaba mi escritura, siempre tenía una mejor visión de lo que quería escribir. Puede que de inmediato no tuviera la respuesta, pero veía progreso. Así que programa tu tiempo de manera productiva, pero recuerda que estarás luchando contra el hecho de que el aprendizaje siempre ocurrirá de manera lineal.

En conclusión, estar ocupado, en sí, no conduce al aprendizaje. Hace muchos años, durante una reunión con mi mentor, Dave Upton corría, yo estaba ocupado compartiendo con él mi lista de tareas pendientes, tratando de mostrarle todo lo que había hecho y en lo que estaba trabajando. Tengo una tendencia a hablar rápido cuando me pongo nervioso y, ese día, estaba volando a millas por minuto. Cuando paré para tomar un respiro, Dave levantó una mano en señal de que me detuviera. Esperó un par de segundos, me miró a los ojos y me dio uno de los mejores consejos que he recibido hasta ahora: "Brad, no evites pensar por estar ocupado". Así que lucha contra el impulso de actuar por tu cuenta. En vez de eso, reconoce que, cuando las cosas se ponen duras, los duros descansan, así que tómate el tiempo para recargarte: detente y piensa.

Capítulo 6

Sé tú mismo al aprender

"Lamento decir que Peter no estuvo muy bien durante la noche. Su madre lo acostó y le hizo un té de manzanilla. ¡Y le dio una taza caliente! 'Unos cuántos sorbos a la hora de acostarse'. Pero Flopsy, Mopsy y Cotton-Tale tenían pan, leche y moras para la cena".

—**Beatrix Potter,** *El cuento de Peter Rabbit*

En el cuento infantil *Peter Rabbit*, la madre de Peter les advierte tanto a él como a sus hermanas que se mantengan alejados del jardín del Sr. McGregor[1]. Luego, se dirige a la panadería mientras las tres hermanas de Peter, Flopsy, Mopsy y Cotton-Tail, de quienes se nos dice que son "buenas y pequeñas conejitas", se marchan a recoger moras. Por su parte, Peter, el rebelde, corre hacia el jardín del Sr. McGregor, donde ocurre la aventura. En algún momento, logra escapar, pero pierde su chaqueta nueva. Al regresar a casa, le dan medicamentos y lo envían a la cama mientras sus tres hermanas, que obedecieron, son recompensadas con pan, leche y moras.

Todos hemos aprendido la lección de *Peter Rabbit* una y otra vez, no solo durante nuestra niñez, sino también a medida que nos fuimos convirtiendo en adultos y nos vinculamos al mundo laboral: encajar y seguir las reglas. Al ser "buenos conejitos" que seguimos las normas y reglas de los demás, nos conformamos y cumplimos con sus expectativas respecto a nosotros. Además, recibimos los beneficios de esta actitud tanto en la forma en que nos tratan como en la reducción de nuestro propio estrés y ansiedad, así que terminamos pensando que esta concesión es un megocio de tipo ganar-ganar. Y aunque creemos que es necesario actuar como otros actúan, hacerlo podría limitar nuestra capacidad de aprender.

En su primer trabajo después de graduarse de Harvard University, Leila Janah optó por seguir la ruta típica de un estudiante de Harvard: se fue a trabajar para una empresa de consultoría de gestión. Antes de eso, su camino había sido todo, menos típico. Cuando tenía 17 años, Leila ganó una beca que le permitió enseñarles inglés a jóvenes estudiantes en Ghana. Esa experiencia le abrió los ojos a los inmensos desafíos del desarrollo en un país del tercer mundo. Durante su visita, conoció gente talentosa y energética; al describir su estadía, Leila manifestó: "Salí de Ghana preguntándome cómo un país tan rico en su capacidad humana puede llegar a ser tan pobre"[2]. Desde que era una adolescente, ella sabía que, algún día, contribuiría a enfrentar ese desequilibrio, aunque no estaba segura de cómo.

Para aprender cómo lo haría, hizo un pregrado en desarrollo económico. Luego, se enfocó en África y se tomó un año de descanso para trabajar en el Banco Mundial, ayudando en la lucha contra la pobreza del mundo. Y aunque los esfuerzos de la organización le parecieron bien intencionados, no entendía por qué esta no estaba explorando diferentes enfoques, ya que muchas de sus iniciativas estaban alcanzando un nivel de progreso limitado. Así que, al ver que era poco probable que el modelo estándar sin fines de lucro abordara los problemas que ella buscaba resolver, decidió mudarse al mundo de las organizaciones con fines de lucro.

Durante su tiempo en consultoría, Leila se sintió como una inadaptada. Desde el punto de vista intelectual, el trabajo era estimulante, pero carecía de impacto social, así que comprendió que se encontraba en una encrucijada. Tenía un trabajo que mucha gente envidiaba, pero con la certeza de que allí no lograría sus verdaderos objetivos. Había aprendido que los enfoques sin fines de lucro ejercían un impacto limitado y que, por lo general, las organizaciones con fines de lucro no estaban dispuestas a abordar los problemas en los que ella estaba interesada. Así las cosas, decidió dar un salto hacia lo desconocido, renunció a su trabajo y aceptó una oferta de empleo como profesora visitante en Program for Global Justice, en Stanford University.

Estando allí, se dio cuenta de que la prometedora respuesta a su pregunta —¿cómo puedo ayudar a reducir significativamente la pobreza global?— venía por partes, a partir de las diversas experiencias que había tenido. Fue entonces cuando decidió que si podía conectar a los trabajadores del mercado en desarrollo con trabajo del mercado desarrollado, lograría enfrentar la que ella consideraba como "la mayor batalla ética de nuestro tiempo: la disparidad en el acceso a las oportunidades para trabajar"[3].

Leila lanzó una compañía llamada Samasource. (*Sama* significa "igual" en sánscrito.) El concepto era simple: contratar a empresas líderes como Google, Yelp y Getty Images para trabajos digitales como confirmar direcciones de restaurantes o etiquetar imágenes con los nombres de celebridades y luego buscar el trabajo en un mercado en desarrollo como Ghana, Kenia o India, aprovechando las computadoras conectadas a internet. Las donaciones y subvenciones proporcionarían el capital inicial y de crecimiento para la compañía, mientras que las ganancias financiarían las operaciones en curso.

Si la idea era simple, su ejecución no lo era. Leila tuvo que persuadir a las grandes corporaciones para que participaran en dicha actividad, a los financiadores para que proporcionaran grandes cantidades de capital para un nuevo modelo y a los empleados para que trabajaran para una organización sin ánimo de lucro y no en el próximo Google o Facebook. Aparte de eso, la empresa también tuvo que aumentar las redes de distribución en los países en desarrollo y capacitar a nuevos trabajadores —una tarea de aprendizaje enorme.

A través de todo este proceso, Leila esculpió su propio camino, único y auténtico, a medida que sus experiencias y su curiosidad empujaban a la organización a nuevas áreas. Para el 2016, había llevado millones de dólares de trabajo a los países en desarrollo y había tenido un impacto positivo en miles de trabajadores y en decenas de miles de personas dependientes. Aprovechando su éxito, lanzó iniciativas para ayudar a los trabajadores desfavorecidos en Estados Unidos junto con LXMI, una marca de belleza de lujo que obtiene insumos poco conocidos de mujeres en mercados en desarrollo y vende sus productos en línea y en las tiendas Sephora[4].

Siendo fiel a sí misma, y forjando su propio camino, Leila comenzó y continúa en una notable jornada de aprendizaje. En lugar de seguir las reglas, como Flopsy, Mopsy y Cotton-Tail, ella abrazó a su Peter Rabbit interior. Cuando se trata de aprender, hacer esto es absolutamente correcto (incluso si nos administran un medicamento de mal sabor y nos envían temprano a la cama). Ser uno mismo conduce al aprendizaje.

¿Por qué ser uno mismo conduce al aprendizaje?

Por dos razones primordiales. La primera, tiene que ver con la motivación: cuando somos verdaderamente nosotros mismos, es más probable que hagamos el esfuerzo necesario para alcanzar nuestros ideales. Hacemos cosas por razones tanto intrínsecas como extrínsecas. Tal como se vio en el trabajo de Frederick Taylor, a fines del siglo XIX, y de muchos otros, las recompensas extrínsecas, como la remuneración económica, ciertamente, funcionan —sobre todo, cuando las personas ganan poco, se involucran en tareas repetitivas o solo necesitan usar sus manos, no su cabeza—[5]. Pero ¿qué sucede cuando un jefe no logra especificar los objetivos a seguir, ni crear un plan de incentivos? ¿O cuando quiere involucrar tanto la mente como las manos de los trabajadores porque ve que es necesario aprender algo? Hoy, no solo necesitamos aprender, sino que la gente talentosa tenga la oportunidad de trabajar en la infinidad de organizaciones que ofrecen salarios competitivos. ¿Qué vamos a hacer?

Aquí es donde entra en juego la motivación intrínseca. El excelente libro de Daniel Pink, *Drive*, ilustra cómo elementos internos como el dominio, la autonomía y el propósito aumentan la motivación. Al enseñar sobre el tema, también me gusta usar un artículo escrito por Frederick Herzberg hace varias décadas: "Una vez más: ¿cómo motivas a tus empleados?" *One More Time: How Do You Motivate Employees?*[6]. Gran parte de su investigación fue anecdótica y estuvo basada en sus dos décadas de experiencia trabajando con compañías, pero algunas investigaciones posteriores han demostrado que sus anécdotas se basan en cómo funcionamos realmente. Suelo decirles a mis estudiantes que, si pudieran conservar con ellos durante el resto de sus carreras solo un artículo de sus estudios en la escuela de negocios, debería ser ese.

Herzberg presenta el simple hecho de que los factores que conducen a la satisfacción en una actividad son diferentes a los que conducen a la insatisfacción. Los que determinan *in*satisfacción son los que él llama factores de "higiene" —seguridad, pago, estatus—. Si no estamos satisfechos con un trabajo, haremos cada vez menos o quizás hasta dejaremos de trabajar en ese lugar. Sin embargo, lograr hacer todos los ajustes necesarios para que un trabajador no esté insatisfecho no logrará que él se sienta satisfecho y motivado. La satisfacción y la insatisfacción no son lados opuestos de la moneda. Para estar satisfechos, necesitamos factores motivacionales que incluyan el logro de metas, respon-sabilidad y crecimiento. Estos aspectos hacen más probable que la gente se comprometa con su labor de tal modo que quiera permanecer más tiempo en su lugar de trabajo y aprender más.

Herzberg llega al extremo de argumentar que los incentivos suelen ser más motivadores para quien los diseñó que para los trabajadores. Me encanta su historia de adiestramiento canino para ilustrar el punto:

> "Tengo un schnauzer de un año. Cuando era un cachorro y yo quería que se moviera, le daba un golpe en la parte trasera y él se movía. Ahora que he terminado su entrenamiento de obediencia, levanto una de sus galletas cuando quiero que él se mueva. En este caso, ¿quién está motivado, el perro o yo? El perro quiere la galleta, pero soy yo quien quiere que él se mueva. Así que, creo que yo soy el que está motivado y el perro es el que se mueve[7]".

Entonces, ¿qué significa todo esto en el campo del aprendizaje? Significa que, para aprender y mejorar a largo plazo, debemos estar motivados. ¿Y cuándo es más probable que estemos motivados:

cuando hacemos lo que otros nos dicen que hagamos o cuando nos comportamos como nosotros mismos? En el primer caso, somos el perro que responde a la galleta para satisfacer la motivación de otro. En cambio, cuando somos nosotros mismos, nuestra probabilidad de estar más dispuestos a hacer el esfuerzo necesario para aprender aumenta.

La segunda razón tiene que ver con el proceso de aprendizaje. Ser uno mismo y actuar con autenticidad da lugar a emociones positivas[8] y estas modifican el proceso de aprendizaje. La sicóloga de UNC, Barbara Fredrickson, ha calificado este modelo como "ampliar y construir"[9]. Como explica Fredrickson, al comienzo, a los ojos de los investigadores, las emociones positivas no parecían tener un propósito evolutivo, mientras que el miedo y la ansiedad, sí. Nuestros predecesores vivían en un entorno en el que las situaciones peligrosas eran comunes. Imagínate a un neandertal encontrándose con un tigre dientes de sable: no sentiría alegría, ni inspiración, sino puro miedo y ansiedad, los cuales enfocan la mente y prenden la chispa del aprendizaje de un solo ciclo y de la resolución de problemas. El pensamiento creativo acerca de las estrategias a largo plazo debía ser temerario cuando el peligro lo miraba a la cara.

Entonces ¿qué papel juegan las emociones positivas? Primero, Fredrickson formuló la hipótesis de que eran importantes en la evolución. Las emociones positivas ocurren en un espacio seguro, lo que nos alienta a pensar de forma más amplia y diversa de lo que podríamos hacerlo si estuviéramos bajo una amenaza inmediata. Es más probable que veamos conexiones dispares y que abordemos cada circunstancia de maneras novedosas. La investigación apoya esta visión, encontrando que las emociones positivas amplían nuestra conciencia de los factores situacionales. Por ejemplo, nuestro tiempo de reacción a diversos estímulos mejora, buscamos un entorno más amplio con nuestra mirada e incluso recurrimos a diferentes recursos cognitivos[10]. Y además, construimos y ampliamos una mentalidad positiva. Mediante el uso de experimentos aleatorios y controlados, Fredrickson y otros han demostrado que la positividad conduce a un mejor aprendizaje, a una mejor comprensión y a mejores relaciones con los demás[11].

Cuando eres tú mismo, en lugar de, simplemente, limitarte a imitar a otros, es mucho más probable que tu aprendizaje mejore, ya que tienes una mayor motivación para aprender cosas nuevas y diferentes. Desafortunadamente, es una lucha ser uno mismo en lugar de conformarse con las expectativas de los demás.

La dificultad de ser nosotros mismos

Actuar de manera auténtica nos posiciona para aprender, pero nos enfrenta a barreras conscientes e inconscientes. Por ejemplo, con frecuencia, creemos que nuestro ser auténtico no está a la altura de la tarea que tengamos por hacer —incluso si tenemos frente a nosotros evidencias significativas de nuestro alto nivel de rendimiento.

Los sicólogos Pauline Clance y Suzanne Imes denominaron a esto el *síndrome del impostor*[12]. Hasta las personas demasiado hábiles cuestionan sus habilidades y dudan de sí mismas. La poeta y escritora Maya Angelou, que recibió la Medalla Nacional de las Artes y la Medalla Presidencial a la Libertad, manifestó en *The New York Times*: "He escrito once libros, pero cada vez que pienso al respecto, siento que 'Uh-oh, ahora, sí me van a descubrir. Yo como que decidí engañar a todo el mundo y ahora me van a descubrir"[13]. Una encuesta realizada entre directores ejecutivos exitosos también reveló que su mayor temor era que se descubriera su incompetencia —a pesar de que lograron ascender hasta la cima de sus empresas[14].

Así que el miedo es un sentimiento que se esparce por doquier. Pero ¿cómo eliminarlo? Es muy frecuente que, en lugar de verlas como una parte normal del funcionamiento diario, las circunstancias difíciles que se presentan en nuestro trabajo nos hagan dudar de las decisiones que tomamos. Por esa razón, algunas veces, hasta nos quedamos paralizados, pero, a menudo, intentamos disfrazarnos de otra persona. El fenómeno del impostor nos hace actuar como otros que, al menos, a nuestros ojos, sí tienen lo que se necesita para hacer el trabajo.

Cuando enseño sobre el tema, suelo recibir preguntas sobre este último punto. El síndrome del impostor impacta en gran manera a mis estudiantes porque todos vivimos situaciones durante las cuales hemos cuestionado nuestras habilidades. Sin embargo, cuando afirmo que somos muy susceptibles a los comportamientos de otros y que es probable que nos conformemos a imitarlos, hay quienes opinan que eso no les sucederá a ellos. El hecho es que una investigación refuta su afirmación, pero la mejor refutación que he visto al respecto es a través de un episodio de 1962 del programa de televisión conocido como *Camara escondida*. El episodio se llama "Mirando hacia atrás" y la cámara muestra a unas personas en un ascensor[15]. Mientras el narrador describe lo que está sucediendo, el grupo de aliados de *Cámara escondida* cambia de posiciones y de manera intencional queda con la cara mirando hacia la parte de atrás del elevador. Ante esto, los transeúntes desconocidos también comienzan a mirar hacia atrás como el grupo. Al final del episodio, los cómplices del programa hasta logran conseguir que una de las víctimas de la broma se quite su sombrero y se lo vuelva a poner. Lo que esto demuestra es que, por lo general, cuando nos sentimos incómodos y dudamos de nosotros mismos, buscamos encajar con quienes nos rodean.

Obviamente, la búsqueda de la uniformidad va más allá de los límites de un programa de televisión de la década de 1960.

Un buen ejemplo de este comportamiento ocurre cuando nos vinculamos a una nueva empresa. Al principio, no estamos seguros de cómo actuar. ¿Cuáles son las expectativas, las reglas, las normas que debemos seguir? Cuando nos vemos en una situación así, intentamos mezclarnos con los demás. Por ejemplo, mi primer trabajo después de la universidad fue en Goldman Sachs. El primer día, como era de esperarse, me sentí como un impostor. Como estudiante de ingeniería, no había experimentado el tradicional reclutamiento que implica pertenecer a la banca de inversión. Como resultado, aunque sabía que el trabajo era muy deseado por mucha gente, no aprecié el hecho de que el seleccionado hubiera sido yo. (Creo que ser capaz de ingresar a Harvard era, estadísticamente hablando, más probable que el hecho de que lograra vincularme a Goldman después de haber terminado mis estudios en University of Texas). A medida que se acercaba mi fecha de inicio, y me enteraba cada vez por más personas sobre lo maravilloso de pertenecer a esta compañía, iba sintiéndome más y más aterrorizado. ¿Cómo haría para encajar cuando llegara allí? Sin saber qué hacer, me puse mi traje gris a rayas y mi corbata y traté de hablar como la gente que me rodearía ("Al fin de cuentas, comparando manzanas con manzanas sugería que el hecho de mimetizarme entre la gente generaría una opción de ganar-ganar para todos"). Mi esposa se dio cuenta de mi intento de vestirme y hablar como mis futuros colegas debido a lo inquieto que me sentía y me recordó que la gente de Goldman me había contratado por una razón: vieron mi capacidad para aprender a hacer el trabajo. Y ella tenía razón. A medida que fui ahondando en las funciones de mi cargo descubrí que yo sí era capaz de mantenerme por mi cuenta y disfruté de ese hecho.

Cuando reprimes tu identidad para actuar como los demás, no solo estás perdiendo oportunidades de aprendizaje directas, sino que también te estás haciendo daño a nivel subconsciente. Las investigaciones demuestran que suprimir nuestra propia identidad nos agota sicológicamente y hasta nos lleva a padecer enfermedades cardiovasculares y otros problemas de salud[16]. Además, nos causa ansiedad y otras emociones negativas que afectan nuestro aprendizaje en dos aspectos importantes. Primero, aunque un poco de ansiedad puede ser útil, demasiada es debilitante. Tenemos dificultad para tomar decisiones o para hacer mucho de cualquier cosa. Esto se conoce como la Ley Yerkes-Dodson[17]. En los niveles bajos, la ansiedad nos ayuda a concentrarnos —nos advierte que algo está mal y es mejor que lo solucionemos—. Hace poco, durante una discusión en una clase, uno de mis estudiantes comentó que él pensaba que el miedo era el mayor motivador para aprender. Hasta cierto punto, estaba en lo cierto. Cuando tenemos miedo de lo que podría suceder si no aprendemos, estamos muy motivados para trabajar. Pero hay una segunda pieza en este rompecabezas.

La ansiedad también cambia la forma en que aprendemos. Así como las emociones positivas conllevan a un modelo de aprendizaje más amplio y constructivo, las emociones negativas no controladas nos desubican y nos sacan de rumbo. Es indudable que la ansiedad y el miedo son señal de problemas y que el cuerpo humano responde a este tipo de emociones cambiando al modo de lucha o huida al evaluar con gran rapidez la información que tenemos a disposición y tomando una decisión lo más pronto posible. En otras palabras, basarnos en la información de la que disponemos y decidir a gran velocidad qué hacer cuando estamos en peligro tiene todo el sentido de mundo cuando de lo que se trata es de evitar ser devorados por el peligro.

Pero, cuando se trata de aprender, esa misma respuesta causa justo el efecto contrario. Aún sin la necesidad de una decisión inmediata, la ansiedad y el temor nos llevan a considerar menos opciones con menos cuidado y a mantenernos aferrados a nuestros puntos de vista, incluso cuando deberíamos cambiarlos[18]. Por lo tanto, la otra mitad de la Ley Yerkes-Dodson consiste en eso. Si bien los niveles bajos de ansiedad tienden a mejorar nuestro nivel de rendimiento, los niveles altos lo empeoran. Por ejemplo, durante su trabajo de disertación en HBS, Clark Gilbert estudió a las compañías de periódicos y sus respuestas a la amenaza que representa el auge del internet. Hoy en día, damos por sentado que obtendremos las noticias a través de internet, pero no siempre fue claro cómo esta interrupción tecnológica cambiaría la industria de los medios de comunicación. Las compañías de periódicos tuvieron que analizar no solo la cuestión de la distribución, sino también cómo responder a la invasión en su lucrativo negocio de avisos publicitarios y clasificados. Gilbert descubrió que, cuando la gente solía ver el internet más como una gran amenaza, era más probable que gastara dinero en la red —pero lo hacía de una manera mucho más limitada—. Y aunque el miedo los motivaba a tratar de aprender, limitaba en gran medida su capacidad para aprender con éxito.

Cómo lograr ser nosotros mismos cuando se trata de aprender

Si ser tú mismo te ayuda a aprender, pero a menudo te frenas de serlo, ¿qué debes hacer?

Primero, descubre cómo liberar a tu Peter Rabbit interior —libérate y sé tú mismo a lo largo de tus actividades diarias—. Incluso un pequeño intento ejercerá un gran impacto. Uno de mis proyectos de investigación abordó directamente esta pregunta en términos de mi experiencia y de los hallazgos que he hecho.

Hace unos cuantos años, me encontraba pasando el día con Wipro BPO (una empresa de externalización de procesos de negocios) en las afueras de Delhi. Como su nombre lo indica, la compañía cuenta con decenas de miles de empleados y les ofrece a sus clientes el servicio de trabajo de back-office —como atender llamadas y completar papeleo—, todo desde sus instalaciones globales. Trabajé con Wipro en proyectos de investigación de aprendizaje y mejora durante muchos años y uno de mis primeros contactos, Devender Malhotra, se convirtió en su Director de Calidad. Malhotra me había invitado a reunirme con gente de toda la compañía para ver si encontrábamos una manera de colaborar con su negocio. Al final de un día maravilloso, durante el cual me habían presentado a muchas personas y proyectos fascinantes, él y yo nos reunimos. Cuando nuestra reunión estaba terminando y ya me estaba preparando para irme, le pregunté si tenía alguna pregunta que hacerme. Malhotra es tranquilo y reflexivo, así que se detuvo para analizar bien su pregunta antes de responderme que le gustaría saber si yo tenía algunas sugerencias que darle sobre cómo reducir el desgaste de los empleados.

Mientras esperaba expectante una respuesta, se me desató el síndrome e Impostor. Había pasado el día como visitante de honor de una universidad de los Estados Unidos y me sentía bien informado. Ahora, al final del día, estaba desconcertado. Sin embargo, su pregunta no debió haberme sorprendido. El desgaste de los empleados es bastante alto en toda la industria india de BPO —se han realizado cálculos del 50% al 75% anual y, en realidad, la cifra de desgaste tiende a ser superior al 100%—. Satisfacer las necesidades de los clientes descontentos es un trabajo difícil. Además, con mucha frecuencia, los empleados se van de una compañía a otra para obtener un poco más de sueldo en la economía india en auge o terminan optando por otros trabajos relacionados con las telecomunicaciones o las ventas minoristas.

No recuerdo con exactitud lo que le respondí a Malhotra en ese momento, pero debió ser más o menos algo como: "No lo sé, pero apuesto a que encontraré una solución que nos satisfaga a los dos". Durante el resto de mi estadía, pasé todo mi tiempo libre, así como mis 20 horas de regreso a los Estados Unidos pensando en qué respuesta darle a su pregunta. Hasta entonces, la mayor parte de mi investigación tenía que ver con aprender haciendo, pero si un gran porcentaje de trabajadores abandonaba el empleo en el transcurso de los primeros meses, las propuestas que demoraran mucho en implementarse estarían condenadas al fracaso desde el principio. Cuando volví a casa, comencé a intercambiar ideas con mi frecuente colaboradora, Francesca Gino, y tanto ella como yo reconocimos que necesitábamos hablar con alguien que hubiera pasado más tiempo analizando las experiencias de la gente durante su proceso de vinculación al trabajo. Por fortuna para nosotros, Dan Cable, nuestro colega de UNC en ese momento, hacía justo ese tipo de estudios. Fue así como comenzamos a aportar ideas y, a mitad de camino, nos dimos cuenta de que estábamos siendo demasiado incrementales. Necesitábamos hacer una pregunta diferente: ¿qué cambio reduciría el desgaste, pero la compañía nunca diría que sí lo aceptaría? Pensamos que semejante interrogante generaría algunas ideas extravagantes que luego tendríamos que simplificar con tal de obtener la aprobación de la compañía. Así que, habiendo entendido esto, en un solo instante, nuestra discusión giró en torno a encontrar una estrategia que estuviera centrada en el individuo. Nos gustó tanto esa idea, que se la ofrecimos a los líderes de Wipro y, para nuestra gran sorpresa y alegría, ellos dijeron que sí. Acordaron darnos una hora del tiempo de cada empleado en el primer día para hacer nuestra intervención. Esto es lo que acordamos: nuestro enfoque principal sería liberar la individualidad de cada uno. Pensamos que un pequeño empujoncito surtiría un gran efecto, así que tratamos de hacer que esa hora de entrenamiento fuera toda sobre el individuo. En los primeros 15 minutos, él o ella escucharían a un líder superior de la empresa que hablaría sobre cómo el trabajo en Wipro les permitía a sus trabajadores ser ellos mismos e identificar sus propias oportunidades. Luego, cada empleado dedicaría 15 minutos a un ejercicio de resolución de problemas, antes de que se le pidiera que reflexionara durante 15 minutos sobre cómo podía ser él mismo en el trabajo. Luego, el empleado usaba esta identidad para presentarse a los demás en una reunión general. Por último, cuando esto grupo de nuevos empleados se iba, le dábamos a cada uno dos camisetas y una insignia con su nombre estampado en estas tres cosas.

Al comienzo, pensamos que compararíamos este grupo de tratamiento con un grupo de control que no hubiera recibido nuestra intervención. Pero nos dimos cuenta de que a la gente quizá solo le interesaba lo que recibía gratis, así que diseñamos una actividad que estuviera centrada en la organización: el líder principal dedicaba 15 minutos a analizar los valores de Wipro y lo que hacía que la compañía fuera excepcional. (Estos trabajos eran muy deseados y solo se seleccionaba a una pequeña cantidad de trabajadores). Luego, cada trabajador principiante tenía 15 minutos para reflexionar sobre lo que lo hacía sentirse orgulloso de trabajar para Wipro. Durante los últimos 15 minutos, todos compartían sus respuestas en grupo. Luego, los trabajadores eran enviados a casa con camisetas e insignias que llevaban el nombre de la empresa en lugar del suyo[19].

Eso fue todo. Nos tomábamos una hora el primer día y luego todos los seleccionados pasaban por el mismo entrenamiento durante catorce semanas antes de dirigirse a la planta de producción para comenzar a trabajar. El trabajo en sí no cambió —solo el marco sobre cómo ser uno mismo—. Creíamos con nuestra mente y nuestro corazón que nuestra intervención tendría un efecto positivo, pero no podríamos saberlo con certeza hasta que los datos llegaran, meses después.

Ese verano, cuando llegaron los resultados, nos reunimos como equipo de investigación en mi oficina en el Edificio McColl, ubicado en el campus de UNC para saber qué había sucedido. A menudo, los análisis que hacemos requieren de arduas horas de configuración, pero, como primer paso, queríamos saber si "a simple vista" podríamos ver la diferencia con solo mirar el resumen de las estadísticas, así que yo me dediqué a preparar los datos mientras Gino y Cable miraban en mi monitor. Al fin, todo estuvo listo y los tres nos inclinamos hacia adelante cuando presioné "enter".

Recuerdo el silencio cuando la tabla apareció por primera vez en la pantalla. Poco a poco, grandes sonrisas comenzaron a dibujarse en nuestras caras a medida que comprobábamos que el efecto de nuestra intervención había sido enorme. El desgaste entre los empleados con los que trabajamos en su individualidad fue un poco más del 20% menor que el desgaste de los demás empleados, bien fuera en el tratamiento organizativo o en el grupo de control. Los análisis posteriores con sofisticados modelos de regresión revelaron el mismo patrón y también produjeron evidencia de que, en algunos casos, los clientes también estaban más satisfechos.

Como ejercicio de seguimiento, realizamos experimentos de laboratorio con estudiantes durante los cuales intentamos imitar la configuración del modelo que usamos con Wipro. Hicimos intervenciones similares y luego los estudiantes hicieron ingreso de datos. Los invitamos a regresar al día siguiente (y si no regresaban, los contábamos como "abandonaron la organización"). De nuevo, encontramos un impacto abrumador en cuanto a la implementación del tratamiento de la individualidad. Los análisis adicionales revelaron la causa de nuestro efecto: los trabajadores que recibieron un tratamiento individual informaron niveles más altos de autoexpresión auténtica, lo que generó una menor rotación y un mejor rendimiento en su trabajo.

Liberar al individuo es poderoso y bastante sencillo. Tómate un tiempo para pensar cómo ser tú mismo en el trabajo y luego hazlo. Como dice Andrew en la película *The Breakfast Club*: "¡Quiero decir que todos somos muy extraños! Solo que algunos de nosotros somos mejores para ocultarlo, eso es todo"[20]. Piensa en cómo podrías ser un poco más avezado aprendiendo. Y si eres un líder, anima a quienes tienes a tu cargo a hacer lo mismo. Al reflexionar en aquello a lo que le encuentras significado, serás más tú mismo y aprenderás más. ¡Libera al ser individual que hay en ti!

Bueno, déjame calificar eso un poco. Si bien queremos llevar nuestro ser auténtico al trabajo, también es bueno mantener el equilibrio. Necesitamos ser respetuosos con los demás y con las reglas y normas de la organización; nuestro objetivo debe ser exhibir un carácter *distintivo óptimo*[21]. Las diferencias nos hacen sentirnos motivados y nos impulsan a buscar formas más amplias de aprendizaje, pero también pueden hacer que otros nos den estatus. Por ejemplo, cuando un profesor se presenta en clase con un traje y zapatos rojos, o cuando un comprador de ropa de lujo llega a hacer compras a una de esas tiendas lujosas usando pantalones deportivos, quienes los observan asumen que ellos deben tener un estatus alto o si no, no se comportarían de manera tan distintiva[22].

La teoría del carácter distintivo óptimo también advierte que si lo llevamos demasiado lejos, trasgrediendo por completo las normas de aquellos con quienes necesitamos interactuar, nuestras diferencias se convierten en un problema. Una investigación realizada por Alison Wood Brooks, Bradford Bitterly y Maurice

Schweitzer con respecto a contar chistes ilustra este punto[23]. Los investigadores encontraron que cuando las personas contaban chistes exitosos y apropiados, se les consideraba competentes y de alto estatus. En cambio, quienes contaban chistes infructuosos e inapropiados eran juzgados como incompetentes y de bajo estatus.

El reto es ser auténtico, pero no extravagante. El consejo es válido: si deseas aprender, debes liberar a tu ser individual. Pero al igual que con muchas otras cosas, la moderación es importante. Exagerar en medio de la situación en la que te encuentres te creará problemas a ti y también a los demás. Este es el tipo de balance que utilizo en mi labor como profesor.

Recuerdo que, cuando entré por primera vez en un aula de clase, volví a sentirme como un impostor. Estaba en la parte de adelante del salón y de pronto me vi a mí mismo como un experto, pero ¿realmente sabía lo suficiente? Para contrarrestar mi miedo, traté de comportarme como los mejores maestros que había tenido —como Dave Upton, Frances Frei y Jan Rivkin—, pero me sentí aún más falso cuando lo hice y pude ver el escepticismo en las caras de mis estudiantes. Cuando comencé a sentirme cómodo, reconocí que la única manera de tener éxito era ingresando al aula siendo yo mismo. Y así, con el tiempo, mi mezcla de humor (principalmente del tipo de papá idiota), mi conocimiento de los temas y, a veces, mi energía frenética, se fue convirtiendo en una combinación, por lo general, ganadora.

A medida que fui asentándome cada vez más, aprendí de la manera más difícil que traspasar ciertos límites —contando demasiadas historias que me parecían muy interesantes, pero no eran tan tangenciales y caminar por el aula todo el tiempo— era ser *demasiado* "auténtico". Así que volví a marcar los límites un poco más con tal de llegar a ser yo mismo, pero no exagerando. De vez en cuando, eso significa contar una broma, pero solo en mi mente (esa es tal vez la razón por la cual mis estudiantes ven a veces una sonrisa aleatoria en mi rostro mientras estoy enseñando). Lo cierto es que el equilibrio permite que tanto mis estudiantes como yo aprendamos de manera óptima.

Cuando pienses en ser tú mismo al aprender, diseña un entorno que te ayude a lograrlo. Donde sea que trabajes, encuentra la forma de incorporarte y marcar tu huella en ese espacio. Dale un toque de color (ilustraciones profesionales o de un niño) y escoge unas fotos —por ejemplo, una foto de alguien que amas— o recuerdos personales, como un afiche en conmemoración de tu equipo deportivo favorito ganando un campeonato. Si vienes a mi oficina, encontrarás fotos de mi familia y amigos cubriendo las paredes, junto con varias obras de arte, desde superhéroes pintados por mis hijos cuando estaban pequeños hasta una impresión profesional de un novillo de cuernos largos (después de todo, soy un orgulloso graduado de Texas University). También verás recuerdos de viajes y ciudades en las que he vivido. Todas estas cosas me hacen sonreír, tranquilizarme y hallar puntos de conversación con otras personas cuando ellas visitan mi oficina.

Finalmente, tengo un pequeño Mickey Mouse de peluche vestido como en *El aprendiz de brujo*. Hace años, vi uno en la oficina de mi colega favorita y le pregunté al respecto. Ella me dijo que le ayudaba cuando se sentía en medio de una encrucijada. Entonces, decidí conseguirme uno, pues sabía que ver a Mickey me haría sonreír. Y lo que es mejor, cuando estoy en medio de un problema al que no le hallo salida y veo a Mickey, pienso en mi amiga y en lo que ella haría en esa misma situación. (Lo más probable es que ella haría algo muy diferente a lo que yo esté pensando hacer y lo más probable es que tendría éxito). Cuando otra amiga me dijo que se sentía atrapada en medio de una situación, también le envié un Mickey; ahora que lo veo me hace pensar en ella y en cómo la magia de Mickey y la inspiración de mis amigos me ayudan a resolver cualquier desafío.

Fue así como, lentamente, fui comprendiendo el valor de este diseño de mi oficina. Poco a poco agregaba cosas que me hacían feliz y descubrí que aprendía más y de manera más efectiva estando en ella. Ahora, sé que el espacio y las emociones son fundamentales con respecto a la forma en que aprendemos. Por lo tanto, independiente de la cantidad de espacio que tengas en tu lugar de trabajo, piensa en qué y cómo hacer para poner juntas todas aquellas cosas que te traigan alegría.

Una tercera forma de ser uno mismo para aprender es identificando formas de aumentar la cantidad de sentimientos positivos y asegurarte de que, en el transcurso de tus actividades diarias, estos sean más que los negativos. Te ayudará a salir del vicio de restricción que, con demasiada frecuencia, es el resultado de la negatividad. Como dijo Colin Powell: "El optimismo perpetuo es un multiplicador de fortaleza". La proporción exacta no se ha establecido científicamente, pero, para la gran mayoría de las personas, aumentarla conduciría a mejores resultados. Cambiar tu relación es demasiado valioso cuando tienes un importante objetivo de aprendizaje. Antes de comenzar, asegúrate de aumentar tus experiencias positivas.

Hay muchas maneras de hacer esto. Piensa en las cosas que disfrutas e intenta incorporarlas en tu ambiente de trabajo y sus alrededores. Busca maneras de inspirarte. Un estudio sobre la felicidad encontró que, por ejemplo, hacer cosas por otra persona te dará más alegría y satisfacción que hacer cosas por ti mismo. Las personas que fueron asignadas a gastar dinero en un regalo para otra persona estaban más felices que las personas asignadas a gastarlo en un regalo para sí mismas[24]. Por supuesto, generar experiencias positivas no tiene que implicar gastar dinero. Exprésale gratitud a alguien que te ha ayudado a aprender. Escríbele una carta a un antiguo maestro o mentor, o mejor aún, levanta el teléfono y llámalo.

Creemos que debemos encajar en nuestro entorno para tener éxito. Pero lo contrario también es cierto —por lo menos, hasta cierto punto—. Los demás no nos desprecian cuando permitimos que nuestra individualidad salga a flote. Cuando somos auténticos, ellos respetan nuestra posición y esto nos permite aprender mejor. Bob Sutton cita a Warren Bennis, el gran pensador gerencial que describió en qué consiste la naturaleza asfixiante de tratar de ser como todos los demás: "Lo mejor que puedes ser es una imitación perfecta de aquellos que vinieron antes que tú"[25]. No caigas en eso y sé siempre tú mismo. Serás más positivo, te sentirás más motivado y capaz de participar en un aprendizaje más abierto.

Capítulo 7

Enfócate en tus fortalezas, no en tus debilidades

"Mis fortalezas son comunes y corrientes. Solo si las utilizo tendré éxito".

—Isaac Newton

A principios de 2002, me encontraba en una encrucijada. Me graduaría en junio de mi MBA en Harvard Business School, así que había llegado la hora de buscar trabajo. Después de lo que consideré un buen tiempo de reflexión y de una exploración cuidadosa, decidí enfocarme en buscar oportunidades que estuvieran relacionadas con consultoría y capital privado. Fue así como, en determinado momento, tuve que enfrentarme a tener que elegir entre muy buenas opciones en cada una de estas industrias —McKinsey & Company, en el campo de la consultoría, y una firma de capital de riesgo muy prestigiosa y enfocada más que todo en compañías de crecimiento en el área de servicios de tecnología y atención médica—. Hice una y otra lista de los pros y los contras de cada una, hablé con amigos y mentores y pasé mucho tiempo en oración con mi esposa.

Sin lugar a duda, hubo unos cuantos factores primordiales a tener en cuenta antes de tomar la decisión y, después de todos mis análisis, dos empresas se destacaron entre las demás. McKinsey perfeccionaría aún más mis habilidades en análisis y colaboración. Ambas eran actividades que me encantaban y creía ser más agudo cuando trabajaba con otras personas inteligentes y lúcidas para analizar problemas complejos.

La empresa de capital de riesgo me empujaría en una dirección muy diferente —más que todo, en la vía empresarial—, pero yo quería darme la oportunidad de crear cosas y había visto a mis padres y a mi tío comenzar y dirigir con éxito una empresa de software empresarial. Además, mi hermano estaba a punto de vender su propia empresa y estaba alcanzando grandes logros. Con todo esto, para mí era claro que, si quería tener éxito como empresario, tendría que mejorar mi capacidad de venta. El cargo en VC tenía numerosos aspectos atractivos, pero un elemento clave era que la empresa tenía un modelo centrado en las ventas y me gastaría tres de cada cuatro semanas viajando a varias ciudades para identificar nuevos acuerdos y vender la imagen de la empresa como socia potencial. Además, cuando estuviera en la oficina, una buena parte de mi tiempo estaría ocupado haciendo llamadas en frío a prospectos.

Ante esta realidad, comprendí que mi falta de conocimiento y destreza en ventas era una debilidad que me impediría alcanzar mis objetivos a largo plazo y decidí que al vincularme a VC tendría que afrontar esa debilidad, mientras que en McKinsey profundizaría en las fortalezas que ya tenía en ese momento. Así las cosas, me dirigí a unirme a la aventura de los capitalistas de riesgo.

Durante mi vinculación a la firma, la gente me pareció interesante, el trabajo también, y con mucha disposición hacía las llamadas y trabajaba cada vez más para fortalecer mis habilidades en ventas. Y aunque no estaba ansioso por vender, cuando me vi en un entorno donde hacerlo era necesario, pude hacerlo y mejoré, pero el ajuste fue duro. No me encantaba lo que estaba haciendo y, con toda honestidad, mi rendimiento apenas sí era el adecuado. Sin embargo, le dediqué tiempo y me esforcé, así que no fui el peor capitalista de riesgo de la Historia, pero tampoco estaba cerca de ser el mejor. Mortificado, retrocedí, reconsideré dónde estaban mis puntos fuertes y terminé en un camino que me llevó hacia el campo académico.

Con el beneficio de muchos años de estudio del aprendizaje, hoy veo que cometí un error demasiado común. En lugar de encontrar maneras de aprovechar mis fortalezas, me fijé en mis debilidades. El consejo que ahora le daría a mi yo más joven es que no intente solucionar las deficiencias irrelevantes. Aprendemos mejor cuando jugamos la partida echando mano de nuestras fortalezas —esas capacidades en las que nos destacamos—. Estas son motivantes. Uno de los principales impulsores de la motivación es la capacidad de dominar al máximo una tarea[1]. Podemos obligarnos a aprender cosas que nos parecen desagradables, al igual que nos forzamos a comer verduras desabridas que son buenas para nosotros. Sin embargo, como diría cualquier padre de familia, si logras que las verduras sean apetitosas, entonces comer de manera saludable no será tan difícil. Lo mismo ocurre con el aprendizaje. Trabajar en tareas en las cuales tienes aptitudes innatas nos brinda beneficios tanto internos como externos.

A menudo, nuestro progreso nos devuelve a ese estado infantil de maravillarnos a medida que descubrimos cosas nuevas. Albert Einstein dijo: "Esta es la forma de aprender más, que cuando haces algo con tanto entusiasmo no te des cuenta de que el tiempo pasa. A veces, estoy tan involucrado en mi trabajo, que me olvido hasta de mi comida del mediodía"[2]. Piensa en tu propia vida: ¿cuándo fue la última vez que te involucraste tanto en tus actividades, que te olvidaste de una comida? Así como lograr nuevos descubrimientos, las pequeñas subtareas que desarrollamos en el camino hacia alcanzar objetivos más grandes también nos mantienen comprometidos y motivados[3]. Cuando nos enfocamos en nuestras fortalezas, es más probable experimentar esos efectos positivos.

Además de generar motivación, las fortalezas tienen el poder de cambiar otros estados internos, incluida la salud. Algunos estudios muestran que, cuando las personas usan sus fortalezas durante el día, es más factible que digan sentirse energéticas y bien descansadas[4]. Para entender esto con más detalle, Julia Lee, Dan Cable, Francesca Gino y yo realizamos nuestro propio estudio[5]. Seleccionamos unos participantes y los asignamos a dos grupos al azar: un grupo se involucraría en lo que se llama el ejercicio del mejor autorreflejo (más adelante explicaré de qué se trata) y el otro grupo no. Luego, recolectamos en el laboratorio de investigación una muestra de saliva de cada sujeto para identificar sus niveles de inmunoglobulina A secretora, un anticuerpo que ayuda al cuerpo a defenderse de los resfriados y otras infecciones al limitar la capacidad de las bacterias y los virus para adherirse a las superficies de la mucosa. Acto seguido, los miembros del grupo de tratamiento leyeron los ejercicios de escritura que cada uno hizo sobre sus fortalezas; los del grupo de control escribieron sobre sus rutinas diarias. Más o menos, 30 minutos después de las lecturas, volvimos a recolectar muestras de saliva y el análisis posterior reveló que, quienes hicieron el ejercicio de escribir sobre sus fortalezas, experimentaron niveles de fortalecimiento en su sistema inmunológico.

Las fortalezas también generan una motivación externa, porque el logro de los objetivos conduce a los elogios y al reconocimiento de los demás —un factor que suele ser clave en el desempeño—. Buscamos tal reconocimiento y, de hecho, pagamos por él. Por ejemplo, el profesor de UCLA, Ian Larkin, hizo un estudio sobre profesionales de ventas en una gran empresa de software empresarial donde aquellos que logran ubicarse en la lista de los 10 mejores son recompensados con la membresía al club de ventas6. Esto incluye que el CEO le envía un correo de reconocimiento a toda la compañía, unas vacaciones en Bermuda con los otros miembros del club y una estrella dorada en la tarjeta de cada uno. Tal reconocimiento tiene valor, pero ¿cuánto? En su análisis, Larkin no encontró una diferencia de rendimiento a largo plazo entre los vendedores que acababan de ingresar al club y los que no lo lograron. Cuando les preguntó a los profesionales en ventas cuánto pagarían por ser miembros del club, ellos aceptaron que pagarían un promedio de $1.000 dólares. Dado el prestigio y reconocimiento de los asociados, no es sorprendente que ellos valoraran aquella membresía.

El contexto generó una manera para que Larkin calculara el valor real de pertenecer al club y resultó no ser solo el que ellos creían. El plan de compensación de la compañía era complicado y un promedio del 20% de los profesionales en ventas ganaría más dinero si esperaba hasta el primer trimestre para reportar una comisión en lugar de reportarla en el cuarto trimestre. Sin embargo, reservarla hasta el cuarto trimestre aumentaría la probabilidad de ingresar al club. Después de investigar con mucho cuidado, Larkin descubrió que, en promedio, al reportar sus ventas más temprano que más tarde, los vendedores terminaban pagando $30.000

dólares (5% de su pago) para unirse al club. Así de poderoso puede llegar a ser el hecho de obtener el reconocimiento de los demás.

Este mismo principio se aplica al pensar en las fortalezas y el aprendizaje. Cuando usas tus fortalezas, no solo estás comprometido, sino que también es más probable que tengas éxito y los demás lo notan y te dan retroalimentación al respecto, creándose así un ciclo virtuoso en el que tú deseas que esa validación continúe, motivo por el cual buscas mejorar y usar más tus fortalezas.

Este es otro ejemplo de cómo las fortalezas motivan tanto a nivel interno como externo. La evidencia y la experiencia muestran que la mayoría de las personas no está comprometida con su trabajo. Durante muchos años, Gallup Organization ha venido estudiando a nivel mundial el nivel del compromiso laboral por parte de los empleados. Tal vez, la respuesta a este estudio no sea sorprendente, pero sí desalentadora: en 2016, solo el 33% de los trabajadores de los EE. UU. y el 13% de los trabajadores de todo el mundo informó que estaba comprometido con su trabajo[7]. Gallup hace otras serie de preguntas en la encuesta y basado en ellas encontró de manera consistente que la respuesta a si uno usa o no con regularidad sus fortalezas en su trabajo es la más predictiva que podría darse en lo referente al compromiso laboral. Las personas que usan sus fortalezas son seis veces más que aquellas que informan que no están comprometidas[8].

Desafíos en cuanto a aprender de las fortalezas

Si las fortalezas son una herramienta tan poderosa para aprender, ¿por qué no las usamos con mayor frecuencia? Porque nos enfocamos en arreglar nuestras debilidades mientras luchamos por identificar nuestras fortalezas.

Parece contradictorio que en un libro cuyo tema central es aprender yo argumente que debemos ignorar nuestras debilidades. Las debilidades, prácticamente, son las que definen lo que elegimos aprender. Piensa en cómo funcionan las evaluaciones de desempeño en la mayoría de las organizaciones. Ya sea que los datos se recopilen de evaluaciones inclusivas de 360 grados o que solo las haya realizado un jefe, los comentarios que los empleados reciben son como una especie de "sándwich de retroalimentación". Hay algunos comentarios positivos y superficiales al principio y al final (el pan) y el resto del tiempo se centra en los aspectos que necesitan atención —las debilidades del empleado— y que son los que en realidad constituyen la esencia de la conversación.

Tendemos a insistir en las cosas que nos salen mal y queremos arreglarlas, pero eso se debe a que creemos que debemos sobresalir en todas las dimensiones posibles para lograr el éxito a largo plazo. Después de la escuela de negocios, creí que tendría que identificar todas y cada una de mis debilidades y trabajar en ellas hasta eliminarlas con tal de lograr mis objetivos. Si a la vez yo hubiera logrado ser un gran pensador estratégico, analizar en detalle todas las situaciones, interactuar de manera empática con los demás miembros de mi equipo, compartir con total certeza mi visión interna y externa y, por último, vender mi idea, habría tenido éxito. Y es verdad: si hubiera tenido la capacidad de hacer todo eso a un alto nivel, lo más seguro es que hubiera mejorado mis posibilidades de éxito. Pero, por desgracia, como la mayoría de las personas, tengo fortalezas en algunas áreas y debilidades en otras. Además, solo cuento con 24 horas al día, así que, si elijo dedicarle tiempo al hecho de enfrentar mis debilidades, estaría renunciando a la oportunidad de seguir desarrollando mis fortalezas. Al fin de cuentas, en muchos casos, las debilidades son aspectos en los que uno no solo no es bueno, sino que es poco probable que algún día se vuelva bueno en ellos. Inclusive prestándoles atención, podrían no mejorar mucho.

Las mismas lecciones son ciertas en lo referente a las organizaciones. Muchas no tienen una idea clara de cómo combinar sus políticas y decisiones para formar un conjunto lógico de capacidades. Estas elecciones son las que constituyen la estrategia de operaciones de toda organización. Una buena estrategia de operaciones es aquella en la que la organización hace las cosas de tal forma que sus clientes la valoran más que al enfoque de sus competidores, lo cual hace que la organización pueda crear y recibir valor. Los ejemplos abundan en los intentos de las compañías por ser todo para todas las personas — ¡la solución de más bajo costo, de más alta calidad, la más innovadora, la más respetuosa con el medio ambiente y la mejor solución a la buena salud en el mercado!—. El dibujo de mi amigo Tom Fishburne, a continuación, capta esta idea a la perfección[9].

© marketoonist.com

En lugar de tratar de ser todo para todos, decide en qué te centrarás y a qué le dirás que no. Zara, la marca más grande del minorista más grande del mundo, Inditex, es un maravilloso ejemplo de esto. Zara contribuyó a crear el concepto de la moda rápida en el que el minorista observa cuáles son las tendencias que están de moda y de inmediato las introduce en sus tiendas —una propuesta más complicada de lo que parece, dado que, por lo general, antes la industria operaba con largos plazos de entrega para poder diseñar, fabricar y vender—. Con más de 2.000 tiendas en casi 90 países, Zara ha alcanzado gran éxito y otras empresas han tratado de imitarla. Su modelo operativo incluye desde numerosas innovaciones, hasta administradores de sus puntos de venta muy empoderados y dispuestos a ayudar a configurar las colecciones de sus tiendas, junto con personal comercial activo que busca tendencias fáciles de diseño así como el despliegue rápido de estas. Sin embargo, dos de sus elecciones merecen especial atención.

La primera, es que la marca decidió integrar sus operaciones de forma vertical: diseñó y fabricó sus propios productos y se los vendió en sus propias tiendas. Externalizó algunos pasos, como la costura, pero el nivel de participación de Zara en toda la cadena de suministro fue muchísimo mayor que el de sus competidores quienes, casi siempre, subcontratan la fabricación y, en ocasiones, incluso partes del diseño del producto.

La segunda elección es aún más contradictoria. Zara resolvió que ubicaría gran parte de su fabricación en áreas de alto costo en España y en otras partes de Europa. En un momento en que los competidores corrían a Hong Kong, China, Bangladesh y Vietnam, Zara decidió nadar contra la corriente, pues supo ver que, para ser rápida —que es lo que valoran sus clientes—, tendría que aceptar ciertas debilidades, como permanecer en una posición de manufactura que significaba mayor costo.

Un análisis tradicional sobre esa debilidad habría eliminado la que en realidad era una ventaja para Zara. Sí, era cierto que sus costos de fabricación podrían ser más altos, pero al enfocarse en sus fortalezas —obtener el producto que se ajustaba a las demandas de sus clientes lo más rápido posible— aprendió, mejoró y tuvo éxito en el mercado. Una vez que una moda se convierte en un éxito en el mercado minorista, los minoristas quieren ofrecer más de este mismo producto; pero si el ciclo de fabricación y entrega se demora entre seis y nueve meses (o más), abastecer el mercado no es nada factible. El modelo de Zara resolvió ese problema y les hizo difícil a sus competidores copiar su estrategia.

La ropa de Zara no está diseñada para durar muchos años; la compañía compite en velocidad y moda, no en calidad y durabilidad. Para mí, ese es un elemento descalificador al hacer mis compras. Tengo un traje de mi último año en la universidad que todavía llevo puesto y seguiré usando mis camisas de vestir hasta que mi esposa me diga que sus cuellos ya están desgastados (e incluso así, a veces, ella tiene que botarlas a escondidas mías). Pero Zara sabe que yo —un profesor universitario que todavía usa un traje de hace 20 años— no soy su cliente objetivo. Sus clientes lo que quieren es usar una prenda varias veces y luego pasar a otras nuevas. Si Zara abordara la "debilidad" de la longevidad de la ropa, solo ofrecería buenos costos, pero sin una ventaja clara; su ropa aun así no me atraería, ni les agregaría valor a sus clientes principales. Lo que esto significa es que Zara reconoce la necesidad de decirles no a muchas opciones posibles y se centra en los aspectos operativos que le permiten sobresalir al servirles y darles gusto a sus clientes —a quienes se sienten "ganadores haciendo allí sus pedidos"[10]. (Basado en la teoría del ganador de pedidos del profesor Terry Hill, un ganador de pedidos es el resultado del alto desempeño que lleva a un cliente a elegir un producto o servicio).

Ahora, utiliza esta misma lógica para pensar en tus objetivos de aprendizaje. Dile no a la idea de que debes ver tus debilidades como necesidades de aprendizaje. Más bien, concéntrate en tus cualidades clave que te permiten crear valor y diferenciarte. Tus puntos fuertes pueden convertirse en los puntos ganadores de tu pedido.

El otro desafío es identificar nuestras fortalezas. Con mucha frecuencia, luchamos para evaluarnos con precisión. El no hacerlo es algunas veces llamado Efecto Lago Wobegon, haciendo referencia a la ciudad ficticia de Garrison Keillor, *Prairie Home Companion*, "donde todas las mujeres son fuertes, todos los hombres son bien parecidos y todos los niños están por encima del promedio".

Cuando enseño sobre la toma de decisiones, ilustro este punto mediante un simple ejercicio. Realizo una encuesta preguntándoles a los participantes: "En relación con otros miembros de la clase, en qué porcentaje calificarías tu _____", completando el espacio en blanco con cualidades que van desde conducir hasta el rendimiento académico y la capacidad de entregar resultados. Debido a que la pregunta solicita un rango relativo, una evaluación precisa en todo el grupo promediaría en un porcentaje del 50%. Sin embargo, los individuos se clasifican consistentemente por encima del promedio.

Una encuesta realizada a un millón de estudiantes del último año de secundaria reveló que el 70% creía tener habilidades de liderazgo superiores a la media[11]. Otros estudios al respecto también son bastantes similares. Por ejemplo, una serie de experimentos exploraron por qué las personas asumen de manera equivocada que son más generosas y amables que otras[12]. Existen dos explicaciones posibles. Una es que tal vez sean demasiado escépticas acerca de la generosidad de quienes las rodean —quizá la realidad es que gente es más amable de lo que pensamos—.

La otra posible explicación es que tal vez el ser humano es más preciso acerca de los demás, pero más equivocado con respecto a sí mismo. En muchos casos, los investigadores encontraron que esta última explicación era correcta —pensamos que somos más desinteresados de lo que en verdad somos.

Existen muchos otros ejemplos del mismo efecto[13]. Los líderes empresariales afirman que sus compañías tienen más probabilidades de tener éxito que otras en la industria. Los analistas de la inteligencia, los profesionales médicos y los sicólogos sobrestiman la precisión de su trabajo. Mi profesión tampoco es inmune a esto: el 94% de los profesores dice que su trabajo está por encima del promedio. En un estudio dentro de una compañía, los investigadores encontraron que, en promedio, los individuos calificaron su propio desempeño en el 78% y solo el 2% de los participantes se calificó a sí mismo por debajo del quincuagésimo percentil[14].

Tales opiniones engañosas de nosotros mismos sugieren que, de hecho, luchamos por identificar nuestras fortalezas. A menos que seas más perspicaz de lo normal (y en caso de que asientas y digas "ese soy yo", vuelve a leer los dos párrafos anteriores; algunos de nosotros estamos equivocados, pero no sé quiénes), tú también tiendes a autoevaluarte incorrectamente.

Por fortuna, podemos recurrir a otros y obtener ayuda, dado que somos tan expertos para evaluar las fortalezas de los demás. Julia Lee, Dan Cable, Francesca Gino y yo estudiamos al respecto, tanto en el campo como en el laboratorio[15]. Trabajamos con una compañía de consultoría global que año tras año contrata a miles de trabajadores por todo el mundo brindando sus operaciones de incorporación. Queríamos entender cómo la identificación de fortalezas podría cambiar la forma en que las personas trabajaban con la empresa, por lo que asignamos al azar a casi 1.400 trabajadores a uno de tres escenarios: el primero, era bajo nuestro control —tendrían que pasar por el proceso normal de incorporación que dura dos días—. En el segundo, usábamos una hora específica para animarlos a identificar sus propias fortalezas. Para esto, los aspirantes veían un video corto sobre fortalezas, discutían el concepto con un facilitador capacitado y luego reflexionaban acerca de sus propias fortalezas. En el tercer escenario, los aspirantes reflexionaban, pero también se conectaban a sus redes sociales para que sus contactos pudieran darles retroalimentación y ellos a los investigadores. Se les decía que se les estaba dando "la oportunidad de obtener información adicional sobre sus fortalezas al comunicarse con aquellos que mejor los conocían". Después de que recogíamos los comentarios, los compartíamos con cada uno en un informe.

Luego, rastreamos a todos los participantes durante el siguiente año y encontramos que el grupo de control y el grupo que simplemente reflexionó sobre sus fortalezas no se podían distinguir en numerosas medidas sobre cómo veían ellos la empresa y su propio desempeño. En cambio, el grupo que recibió información sobre sus fortalezas por parte de sus contactos en sus redes tuvo una reacción diferente, bastante significativa desde el punto de vista estadístico. Todos ellos mostraron menos probabilidades de reportar agotamiento en su trabajo, menos probabilidades de reportar alguna intención de dejarlo y más probabilidades de reportar una relación sólida con la compañía. La conclusión es que los aportes de otras personas nos ayudan a identificar con mayor precisión nuestras fortalezas para luego beneficiarnos de ellas en el trabajo.

Repetimos nuestros análisis en un entorno de laboratorio controlado utilizando tres escenarios similares: uno controlado, otro tratamiento donde los participantes identificaran sus propias fortalezas y otro tratamiento donde los participantes obtuvieran retroalimentación de socios externos. Después del ejercicio de las fortalezas, les pedimos que prepararan una explicación de tres minutos sobre por qué deberían ser contratados para el trabajo de sus sueños. Dos evaluadores juzgaron la calidad de las presentaciones. Al igual que ocurrió con nuestro estudio de campo en la firma consultora, encontramos que aquellos que recibieron retroalimentación fueron estadísticamente más propensos a superar a los otros dos grupos.

Aprendiendo de las fortalezas

Para aprender de tus fortalezas, primero debes identificarlas. El solo hecho de hacerlo es ya un reto. Sin embargo, quienes bien te conocen están en condiciones de darte una visión muy valiosa de tus habilidades. Afortunadamente, existe una herramienta muy útil para ayudarte en este proceso: el ejercicio de mejor autorreflejo (EMAR). Desarrollado en un principio por investigadores de Michigan University, el EMAR parecería ser simple[16]. Consiste en identificar entre 10 y 15 personas que te conozcan bien. Gran parte de la eficacia de este ejercicio proviene de la diversidad de los proveedores de retroalimentación que consigas, así que piensa de manera amplia. Sí, puedes incluir un jefe o un compañero de trabajo, pero procura incluir también antiguos colegas, viejos amigos, tus compañeros de cuarto de la universidad, miembros de la familia, un profesor que te asesoró y otros que creas que tienen puntos de vista interesantes con respecto a cómo eres cuando estás en tu mejor momento. Tómate el tiempo necesario para identificar quiénes serían tus proveedores ideales de información —y como ocurre con la mayoría de las cosas, cuanto más trabajo hagas, más beneficios obtendrás más adelante—. Un centro como The Center for Positive Organizations de Michigan, o una compañía como Essentic, podrían realizar el proceso por ti[17]. La otra opción es que lo hagas tú mismo eligiendo y contactando a tus proveedores de comentarios y pidiéndoles que identifiquen dos o tres ocasiones en que te hayan visto en tu mejor momento y logrando metas que fueron significativas para ellos.

Una de las ventajas de tener un agente externo que realice el proceso por ti es que este puede consolidar las historias más adecuadas y eliminar aquellas que no cumplan con el propósito que buscas. (A veces, los proveedores de retroalimentación tienen dificultades para seguir las instrucciones y se vuelcan a suministrar ejemplos de oportunidades que tendrías para mejorar). Si lo haces tú mismo, pídele a un amigo que sea él quien compile las historias por ti —lo más probable es que tú también estés dispuesto a hacer lo mismo a cambio—. Una vez que el informe completo esté listo, separa el tiempo necesario y encuentra un lugar que te permita estar solo. Leer estos informes suele ser una experiencia emocional, ya que te enteras del impacto positivo que has causado en quienes mejor te conocen.

Es probable que algunas historias sean las clásicas y favoritas de la familia. Si tuviera que escribir una para describir a mi madre, yo me referiría a su tenacidad e ilustraría esa cualidad en ella contando la historia de esa vez que, siendo todavía un niño, ella me llevó desde Austin hasta San Antonio a un evento de natación. El resto del equipo había cancelado debido a las heladas carreteras, en cambio, nosotros dos nos fuimos muy despacio, todo porque ella sabía que yo anhelaba con todas mis ansias calificar para los campeonatos estatales. Cuando no logré calificar, ella me mostró su gran calidad humana alentándome a aprovechar la última oportunidad que tenía a mi alcance (y lo hice obteniendo gran éxito).

Te aseguro que algunas de las historias serán sobre momentos o situaciones que ya olvidaste o que no sabías que tuvieron un impacto tan grande en quienes te rodean. Por ejemplo, si yo tuviera que escribir una historia para describir a mi esposa, me referiría a una que deja en alto su habilidad para ser una gran anfitriona y una persona inclusiva. Recuerdo que, cuando era estudiante universitaria, ella fue asistente de enseñanza en una clase de danza country. Me parece estarla viendo volar de un lado para otro en el salón de baile —haciendo todo lo posible para que todos los participantes se sintieran como esos buenos bailarines que con un poco más de trabajo llegarán a ser excelentes—. Hasta dudé que su perspectiva con respecto a mis resultados fuera real, pero ella creía tanto en mis habilidades (al igual que cree en cada persona que conoce), que comprendí que si fallaba la decepcionaría y, por tal razón, no podía permitirme hacer eso.

Después de leer las historias, y quizá derramar algunas lágrimas, trata de identificar los temas y las fortalezas implícitos en cada una de ellas. Identifica con cuidado todas y cada una de las capacidades que están reflejadas al interior de estos relatos y te describen lo más exactamente posible, en particular, aquellas que resaltan tu valor único y que te gustaría poner más en práctica. Luego, reflexiona sobre cómo aplicarlas más a menudo en tu trabajo.

Crear un plan de acción también es importante. Reflexionar sobre tus fortalezas te hará sentir bien, pero no dejes que ese sentimiento sea un destello fugaz. Si haces un plan que te permita implementarlas con mayor frecuencia —bien sea en el trabajo, en el hogar, en la organización de voluntarios a la que perteneces—, será más probable que las mantengas. Reconoce que, a menudo, tienes cierto control en todas esas áreas. Por ejemplo, un grupo de investigadores se asoció con Google para examinar qué tanto es el impacto de identificar fortalezas y luego crear planes de acción (a través de lo que se llama el ejercicio de preparación del trabajo); fue así como encontraron que, las personas que realizaron este ejercicio de planificación, seis semanas más tarde fueron calificadas por quienes las rodean como más felices y más efectivas en su trabajo[18]. Si no ves una manera de usar tus fortalezas en el trabajo con mayor frecuencia, piensa en la posibilidad de unirte a un voluntariado que esté relacionado con ellas o trata de buscar otras maneras que te permitan ponerlas al servicio de los demás. Analiza qué posibilidades tendrías de aumentar tu nivel de aprendizaje en otros campos y así extenderías tus capacidades a múltiples facetas de tu vida.

El segundo paso para aprender de las fortalezas es detenerte a identificar cuáles son tus debilidades. Otra parte de la teoría de los ganadores de pedidos de Terry Hill también aplica aquí —identificando aquellos calificadores de pedidos que necesitas y que todavía no son lo suficientemente fuertes como para que te sirvan para asegurar una venta[19]—. Tus debilidades son la apuesta previa para ingresar al juego de cartas. Si no tienes la apuesta inicial, tendrás que conformarte con mirar, pero incluso después de cazarla, debes hacer más que eso para llevarte a casa el botín.

¿Cómo nos ayudan los calificadores de pedidos a entender las debilidades? Es cierto que no contamos con habilidades para ser buenos en todo, pero eso no significa que podamos darnos el lujo de ignorar todas nuestras debilidades. ¿Cuáles deberían llamar tu atención? Las que te ayuden a reforzar tus fortalezas. Llama a estas tus debilidades críticas. En mi caso, durante mi tiempo en la firma de capital de riesgo, llegué a comprender que ese no era el trabajo adecuado para mí a largo plazo, pero que me había servido para aclarar cuáles eran mis puntos fuertes. A través de la labor que estuve desempeñando allí y de muchas conversaciones con mi esposa, mi hermano, amigos y mentores, llegué a apreciar que tenía puntos fuertes que se debían a mi alto nivel de curiosidad, por ejemplo, mediante mi capacidad para ver las conexiones entre factores dispares, para resolver problemas a través del análisis y por el éxito en mi desempeño al trabajar en grupos de personas con talento. Cuando pensé en cómo aplicar esas fortalezas, me di cuenta de que el campo de la academia sería una excelente oportunidad laboral para mí[20]. Así que mi decisión de inscribirme y asistir a un programa de doctorado no fue solo para desarrollar mis fortalezas. También fue para identificar mis calificadores de pedidos que eran puntos débiles y críticos, y que se interponían en mi camino para lograr metas más amplias. Por ejemplo, sabía muy poco sobre cómo analizar un gran conjunto de datos para encontrar patrones (análisis econométrico). Esa todavía no es la que yo llamaría una fortaleza en mí, pues no tengo la agilidad de crear métodos para que otros investigadores los utilicen, pero trabajé con excelentes profesores como Rob Huckman y tomé suficientes cursos en esta área para asegurarme de que contaría con los conocimientos en econometría necesarios para aprovechar mis fortalezas en lo que se refiere al aprendizaje y la diferenciación.

Piensa en las debilidades que podrían ayudarte a reforzar tus fortalezas y trabaja en ellas.

Por último, una nota de precaución: ten siempre presente que la confianza excesiva tiende a convertir las fortalezas en debilidades. Paracelso, el filósofo suizo-alemán, considerado generalmente como el fundador de la toxicología, escribió: "Todas las sustancias son venenos. No hay ninguna que no sea un veneno. Lo que ocurre es que la dosis correcta diferencia un veneno de un remedio"[21]. A veces, este concepto se reduce a "la dosis hace el veneno" —un punto de vista contundente[22]. Demasiado de algo bueno sigue siendo demasiado. (Lo comprobarás fácilmente si me colocas frente a una tina repleta de helado Blue Bell). Debemos tener cuidado de no quedar tan ciegos por nuestras fortalezas, que terminemos perdiendo el control —ya sea siendo arrogantes o ignorando las advertencias que encontremos a nuestro alrededor y que revistan importancia.

Por ejemplo, en un estudio que realizamos Diwas KC, Francesca Gino y yo, observamos cómo las noticias negativas de FDA sobre los *stents* liberadores de fármacos afectaron la elección posterior de los *stents* por parte de los cardiólogos para sus pacientes[23]. Encontramos que los médicos que tenían más experiencia en el uso de este tipo de stents eran más propensos a ignorar las advertencias de FDA. Y dado que no pudimos determinar de manera concluyente si esta elección era apropiada (los datos sugirieron que no lo era), realizamos varios estudios de laboratorio para demostrar que, cuando los individuos tienen más experiencia, es más probable que continúen transitando por una vía improductiva.

Ahora, me doy cuenta de que yo nunca iba a sobresalir en el campo de las ventas genéricas mediante la estrategia de las llamadas en frío. Seguro habría realizado un trabajo aceptable, pero esa no sería una de mis fortalezas, ni una gran pasión en mi vida laboral. Sin embargo, sí aprendí que soy bastante bueno para las ventas relacionales y disfruto haciéndolas —procurando conocer a quienes me rodean y aprendiendo cómo trabajar juntos—. Con el tiempo, suelo entender la perspectiva de aquellos con quienes que me relaciono y logro encontrar formas creativas de satisfacer sus necesidades y las mías. Esa fortaleza ha sido un factor clave de éxito en mi vida cuando me asocio con colegas académicos y con empresas en proyectos de investigación y consultoría. Y en cuanto a ti, me encantará que encuentres tus fortalezas un poco más rápido de lo que yo encontré las mías. E independiente de si tu búsqueda es rápida o lenta, al concentrarte en ellas, enfrenta sin miedo tus debilidades críticas y asegúrate de usar tus fortalezas de manera productiva y no en formas dañinas —mejorarás tu capacidad de aprender.

Capítulo 8

Especialización y variedad

"Aprender es más que la adquisición de la capacidad de pensar; es la adquisición de muchas habilidades especializadas para pensar en una variedad de cosas".

—**Lev S. Vygotsky**[1]

En 2003, el famoso cineasta Errol Morris lanzó el documental *The Fog of War*, una serie de entrevistas con Robert McNamara, el arquitecto relacionado con la participación estadounidense en Vietnam durante las administraciones de Kennedy y Johnson. La película entremezcla sus reflexiones sobre las duras lecciones que aprendió con imágenes históricas, ofreciendo así una perspectiva franca de un hombre intentando aprender de las muchas situaciones difíciles que tuvo que enfrentar. Mi amiga Katy

Milkman me recomendó la película y he mantenido muy vívida una escena en particular desde hace muchos años. McNamara lleva dos días reflexionando acerca de la preparación de la Guerra de Vietnam. En el primero, el 2 de agosto de 1964, un destructor estadounidense, el *Maddox*, fue atacado en aguas internacionales por una patrulla norvietnamita. Los investigadores recuperaron pruebas que tenían la forma de proyectiles de Vietnam del Norte, por lo cual quedó claro que se había producido un ataque. Sin embargo, el desafío estaba en descifrar cuál fue la intención de los norvietnamitas. ¿Fue esta una señal de recrudecimiento o simplemente un incidente aislado? El Presidente Johnson, aconsejado por McNamara, decidió no desplegar una respuesta militar y, aun así, dos días después, dos destructores, el Maddox de nuevo y el Turner Joy, informaron haber sido atacados. En el recuento de McNamara, este segundo ataque persuadió a los Estados Unidos de que los norvietnamitas estaban decididos a desencadenar una guerra total. Johnson, quien sintió que no tenía más remedio que responder al ataque, se dirigió al Congreso para obtener la autorización de llevar a los Estados Unidos a la que se convirtió en la Guerra de Vietnam.

A medida que los expertos revisaban la evidencia del ataque, no era claro si en realidad habían aprendido lo que pensaban que habían aprendido. En el documental, Morris reproduce grabaciones de la discusión:

> *Almirante Sharp*: Él [el Almirante Moore] dijo que muchos de los contactos que se reportaron como torpedeados parecen no estar 100% seguros del ataque. Los efectos climáticos anormales en el radar y un excesivo entusiasmo en los hombres del sonar podrían explicar muchos de estos reportes.

9 minutos más tarde.

Almirante Sharp: Parece que ahora muchos de estos ataques con torpedos fueron contra los hombres del sonar, ¿sabe? Y parece que ellos se quedaron inmovilizados con uno de esos y todo lo que escuchan en el sonar es un torpedo.

General Burchinal: ¿Usted está seguro por completo de que hubo un ataque con torpedo?

Almirante Sharp: Oh, no hay duda de eso, creo. No hay duda de eso[2].

Primero, Sharp señala que los expertos mejor calificados para evaluar si un torpedo ha sido disparado, los hombres del sonar, parecían haberse quedado "inmovilizados" durante el momento más crucial posible —cuando se produce un ataque— y evaluaron la situación de manera incorrecta. En otras palabras, cuando son más necesarios por su experiencia, es más probable que los expertos identifiquen un falso positivo. Segundo, la última línea del Almirante Sharp siempre provoca una risa incómoda cuando uso el video en clase. A pesar de que el almirante acaba de cuestionar que los torpedos fueron disparados, él responde con certeza que el ataque ocurrió, aunque con un calificativo: "creo". Sharp es el experto en el mando cuyo papel es evaluar la situación y decidir cómo actuar, pero es evidente que está luchando para asumir semejante responsabilidad.

The Fog of War continúa con Morris y McNamara hablando sobre lo que sucedió en esos dos episodios antes de que Morris resuma la conversación diciendo: "En definitiva, vemos lo que queremos creer"[3].

Este es el próximo reto clave en tu proceso de aprendizaje. La experiencia es necesaria para el éxito y el aprendizaje, pero a menudo es insuficiente. Cuando nos especializamos demasiado, vemos lo que queremos creer en lugar de lo que realmente existe. Creemos que la especialización profunda es una forma de aprender, pero podría limitar nuestra forma de entender nuevos materiales. El aprendizaje, por lo tanto, debe incorporar tanto variedad como especialización.

¿Por qué la especialización y la variedad conllevan al aprendizaje?

Antes de considerar el valor de la especialización y la variedad puestas juntas, pensemos en cómo estas contribuyen de manera independiente al aprendizaje. La idea de que la especialización en un área específica conduce al perfeccionamiento ha existido formalmente, por lo menos, desde que Adam Smith escribió sobre el tema en 1776[4]. La idea fue adquiriendo importancia a medida que la Revolución Industrial se extendió por todo el mundo creando operaciones más grandes y más complejas que nunca. La especialización activa una de las fuerzas más poderosas para el aprendizaje que conocemos: la curva de aprendizaje.

La experiencia acumulada incrementa el rendimiento, incluso a un ritmo decreciente. A medida que repetimos la misma tarea una y otra vez, la vamos mejorando poco a poco. Las curvas de aprendizaje se aplican a factores distintos a la velocidad, por ejemplo, a la calidad, el costo y la satisfacción del cliente, y a los equipos y organizaciones, así como a los individuos[5].

Analicemos este concepto un poco más. Michael Lapre, el destacado erudito en aprendizaje, me introdujo en una investigación analítica que sugiere que una curva de aprendizaje global en lo que en realidad consiste es en muchas curvas más pequeñas[6]. Combinar este concepto a un trabajo que yo estaba haciendo en ese momento sobre la experiencia me ayudó a ver que la experiencia de la tarea es multidimensional. En otras palabras, realizar una tarea, como una cirugía cardíaca o una llamada al centro de contacto, implica tener experiencia de diversa índole. Esa llamada, por ejemplo, implica aprender sobre un producto dado, pero también aprender sobre diferentes tipos de clientes y cómo lidiar con el éxito o el fracaso de una llamada previa, y así sucesivamente. En la investigación que hice junto con Jonathan Clark y Rob Huckman descubrimos que los radiólogos aprendían a medida que ejecutaban los procedimientos, pero su comprensión se profundizaba cuando la experiencia se dividía en detalles más finos: anatomía (una rodilla, por ejemplo), tecnología utilizada (Rayos X o IRM) o el cliente (uno de varios hospitales)[7]. Cada uno de estos detalles involucraba pequeñas curvas de aprendizaje que podrían ser incluidas en la curva general.

La variedad también altera nuestro conocimiento y nos motiva. Cuando nos involucramos en tareas variadas, pero algo relacionadas, traemos conocimiento de un área a la otra —un concepto que se conoce como *intermediación.*

La carrera de Herbert Simon —profesor de informática, sicología, ciencias políticas y administración— es un excelente ejemplo de dicho concepto. Sus ideas innovadoras ayudaron a darles forma a numerosos campos académicos, desde la economía hasta la sociología y la tecnología. La razón por la cual él causó tanto impacto fue por su capacidad para usar ideas de un campo para obtener una nueva perspectiva en otro.

Simon combinó su formación en ciencias políticas y economía para generar con el paso del tiempo una teoría de la conducta empresarial, lo cual demostró que, en últimas, somos "racionalmente limitados"; utilizamos la información limitada que tenemos para tomar las mejores decisiones que podamos[8]. Al reconocer que un concepto fundamental de la economía—que los individuos son racionales y maximizadores omniscientes de los beneficios— era errado, Simon reformó este campo y fue reconocido con el Premio Nobel de Economía de 1978.

Su uso de la variedad en el conocimiento de diversos campos persistió a lo largo de su vida. A medida que siguió estudiando sobre la toma de decisiones humanas, Simon se dio cuenta de que las computadoras eran una herramienta poderosa para simular cómo funcionaba ese proceso y supo ver que era muy probable que estas sustituirían a los tomadores de decisiones humanos, hecho que lo llevó a dictar una cátedra de ciencias de la computación y su papel fundamental en el campo de la inteligencia artificial. Al igual que Simon, una vez que hayas identificado un problema, tú también cuentas con la capacidad necesaria para abordarlo de maneras novedosas. Encontrarás conexiones que ningún especialista haya visto antes si reconoces que parte de una solución que usaste en un contexto podría ayudarte a enfrentar un desafío en un contexto diferente[9]. El profesor Karim Lakhani, de Harvard Business School, ha estudiado cómo "la búsqueda de difusión"— compartir ampliamente una dificultad— conduce con frecuencia al descubrimiento de soluciones novedosas en áreas inesperadas. Por ejemplo, un cristalógrafo de proteínas podría aprender de un desafío de toxología en una empresa farmacéutica y usar métodos conocidos en su campo para generar una solución[10]. Dado que la mayoría de las innovaciones surgen de nuevas combinaciones de ideas antiguas, no debería sorprendernos que nuestro aprendizaje mejore cuando tenemos una gran variedad de ideas a las cuales recurrir[11].

La variedad resulta útil incluso si te frena —tal vez, y especialmente, cuando disminuye tu velocidad—. Investigué a este respecto junto con mis colegas Rellie Derfler-Rozin y Celia Moore[12]. Nos interesaba saber si lo que se conoce como variedad secuencial podría llevar a una toma de decisiones más ética. La *variedad secuencial* describe el orden en que se completan las tareas. Supón que necesitas realizar cada una de las siguientes tres tareas tres veces: A, B y C. Puedes realizarlas juntas para maximizar la velocidad (AAA, BBB, CCC) o intercalándolas: ABC, ABC, ABC. Nosotros planteamos la hipótesis de que, aunque este último enfoque podría frenarte, también podría comprometer tu sistema de procesamiento de información lento, consciente y controlado, en lugar de tu sistema de procesamiento de información automático, inconsciente y de disparo rápido. El enfoque más lento podría llevarte a ser más atento y a no romper las reglas —como en el trabajo de campo que hicimos en un banco (como regresar tarde de una pausa para el almuerzo)— como las que creamos en el entorno de un laboratorio (los participantes tenían que presionar un botón para evitar que la respuesta correcta apareciera en sus pantallas).

Los resultados que obtuvimos apoyaron fuertemente nuestra hipótesis. El uso de la variedad para frenarnos nos hace más propensos a hacer lo que deberíamos. Esta lección es valiosa no solo para evitar romper las reglas, sino también para aprender. La variedad te sirve para salirte del modo automático para que veas lo que sucede a tu alrededor y tomes decisiones conscientes que te lleven a aprender.

La variedad también ofrece otra ventaja para el aprendizaje: es motivadora. Participar en diferentes actividades nos ayuda a superar el aburrimiento. Un enfoque en las curvas de aprendizaje ha llevado a los administradores a lograr identificar métodos más eficientes y a repetirlos una y otra vez conllevando así al aprendizaje de sus trabajadores a medida que ellos se van actualizando y poniéndolos en práctica, pero luego su aprendizaje se frena y vuelve y se detiene al ejecutar la misma tarea una y otra vez. Lo que es peor, podría haber reincidencia en la utilización de métodos antiguos si se ignoran las lecciones supuestamente aprendidas. A menudo, los beneficios teóricos de la especialización no se traducen en beneficios prácticos. Los administradores y otros trabajadores del conocimiento deben luchar con el costo cognitivo de las tareas repetitivas[13].

Una forma de superar este desafío es variando las actividades. Un trabajador de la línea de ensamblaje de autos podría pasar de la instalación de los asientos al quitar el sellado de partes del chasis así como un radiólogo podría pasar de hacer una tomografía computarizada a hacerla mediante Rayos X. Cuando nos involucramos en una variedad de actividades, en vez de sentirmos desconectados por el aburrimiento que nos causa una actividad repetitiva, nos sentimos estimulados por el conocimiento que estamos adquiriendo, nos mantenemos motivados y es más probable que sigamos aprendiendo.

Desafíos que nos impiden aprender de la especialización y la variedad

El hecho de tener que decidir entre adoptar un enfoque especializado o uno variado es igual a tener que enfrentar el problema de elegir entre la mantequilla de maní y el chocolate: los dos son deliciosos sabores que adquieren un gran sabor al estar juntos, como en el viejo comercial de los productos de Reese's Peanut Butter Cup.

¿Por qué ninguno de estos dos enfoques es suficiente por sí mismo? Porque la especialización es una herramienta poderosa, pero, al hacer lo mismo una y otra vez, corremos el riesgo de aburrirnos. Perder el enfoque tiende a hacernos perder (o quizás, intentar no ver activamente) oportunidades para mejorar. Además, cuando adquirimos una visión demasiado basada en nuestra experiencia, nos limitamos debido a que, como nos especializamos en un área, nuestra visión de que el mundo funciona de cierta manera se vuelve más fija. Durante muchos años, he tenido la siguiente cita en mi muro:

> "Nada es más peligroso que una idea, sobre todo,
> cuando esa idea es la única que tienes".
> —**Emile Chartier**

Una manera más coloquial de decir lo mismo es que cuando tienes un martillo, cada problema te parece un clavo. Nos encontramos con nuevas circunstancias, pero no aprendemos porque creemos que está bien aplicar siempre las mismas viejas lecciones. Recuerda el ejemplo de *The Fog of War:* los expertos en el sonar fueron entrenados para escuchar torpedos y era de esperarse, eso fue lo que oyeron. Con frecuencia, veo el mismo desafío en mi propio campo de acción (y también cuando me miro al espejo). Como académicos, tenemos áreas de experiencia individuales, por lo que lidiamos con cada situación usando nuestro enfoque acostumbrado en lugar de mejorarlo o inventar enfoques nuevos —es decir, en lugar de aprender.

La especialización también tiende a ser limitante porque, cuando las cosas cambian, nuestra experiencia ya no es aplicable. En lugar de interpretar la nueva información como una circunstancia que requiere de una cosmovisión diferente, los expertos son dados a seguir viendo nuevas situaciones bajo su misma óptica —enfoque conocido como *escalada de compromiso*: continuar por un camino aun ante la evidencia de que no deberíamos[14]—. Aquellos cuya tendencia es sentirse como expertos tienen más probabilidades de aumentar su escalada de compromiso —por ejemplo, continúan invirtiendo dinero en un proyecto fallido a sabiendas de que deberían cambiar a una mejor opción[15]—. Cuando ocurren eventos nuevos e inesperados, los expertos deberán enfrentarse a la enorme probabilidad de que su visión del mundo sea incorrecta. En esos casos, la variedad funciona a la perfección.

Una buena forma de ilustrar este punto es mediante el desafortunado intento del Capitán Robert Scott por convertirse en la primera persona en pisar el Polo Sur. En 1910, Scott partió por segunda vez para llegar al Polo Sur. Durante su aventura anterior, en 1902, se quedó corto por unos pocos cientos de millas y esta vez estaba decidido a lograrlo, sobre todo porque Ernest Shackleton había fracasado en 1909. Después de ocho años de preparación y exploración, Scott escribió en su diario: "Me siento seguro de que estamos tan cerca de la perfección como la experiencia nos lo permita[16]".

Al llegar a la barrera de hielo de Ross, punto de lanzamiento de su misión, Scott y su equipo se pusieron a trabajar. Pronto, Scott recibió malas noticias: el explorador noruego Roald Amundsen también estaba tratando de alcanzar el polo y había conseguido una gran ventaja sobre él y su grupo. Además, Scott había decidido usar ponis en lugar de perros como animales de carga y los ponis no se estaban adaptando bien al clima. Y encima de eso, su equipo había ubicado su almacén de suministros principal en el lugar equivocado y esto estaba incrementando dramáticamente el grado de dificultad operacional de la misión.

En lugar de aprender de estos desafíos y ajustarse, Scott optó por continuar y tanto él como su equipo de cinco personas llegaron al Polo Sur, pero cinco semanas después de Amundsen. Y durante su viaje de regreso, los desafíos continuaron aumentando. Scott y sus hombres murieron a solo once millas del próximo depósito de suministros. Como dice el conocido refrán, "cuando estés en un agujero, deja de cavar". Eso es, precisamente, lo que no hacen los expertos.

Sin embargo, si nos centramos demasiado solamente en la variedad, no profundizaremos lo suficiente como para comprender lo que en realidad está sucediendo. Nos perderemos de detalles importantes. Movernos en diversos campos nos permite ver conexiones, pero solo si nuestra comprensión es tan profunda como para reconocerlas.

La variedad también limita el proceso fundamental del aprendizaje. El cerebro humano es un dispositivo de almacenamiento incomparable, pero si uno no usa su conocimiento, lo pierde (o al menos, una parte). Es posible que tengas que volver a aprender aspectos clave de una tarea que ya hayas realizado cuando vuelvas a retomarla después de participar en diversas experiencias. Diwas KC y yo estuvimos observando los datos de los cirujanos cardiotorácicos y los procedimientos que ellos realizan[17]. En un análisis, encontramos que ellos mejoran su desempeño en cuanto a la supervivencia de sus pacientes a medida que realizan más y más procedimientos. En cambio, cuando más tiempo transcurre entre un procedimiento y el siguiente, el nivel de rendimiento se degrada: olvidan parte de su conocimiento.

Otro desafío en el aprendizaje, relacionado con la variedad, es la multitarea —el hecho de cambiar de actividades en un corto período de tiempo—. Nos gusta imaginar que el cerebro humano funciona como una computadora, ejecutando múltiples tareas a la vez. Lamentablemente, no parece ser cierto. El cerebro procesa las tareas de forma secuencial. Cuando haces dos cosas a la vez, en realidad estás trabajando en una y luego cambias a la otra antes de volver a la primera.

La analogía adecuada no son las computadoras, sino los cambios que podrían darse en el proceso de fabricación de autos. Al hacer una parte específica del chasis, el operador de la máquina ingresa la configuración adecuada para que la máquina produzca esa parte. Para hacer una diferente, el operador debe reiniciar la máquina. Este costo de cambio se aplica no solo a los cambios físicos, sino también a los mentales. En el último caso, el costo de cambio tiene tres dimensiones[18]. La primera, cuando cambiamos a una nueva tarea, nuestro cerebro carga el conocimiento necesario en nuestra memoria de trabajo[19]. El cambio entre múltiples tareas tiende a sobrecargar nuestra memoria de trabajo y a perjudicar nuestro proceso de aprendizaje[20]. La segunda dimensión ocurre cuando necesitamos usar nuestros recursos cognitivos tanto para cargar la nueva tarea como para cancelar la anterior[21]. Y la tercera, cuando el cambio constante aumenta el estrés y perjudica nuestro rendimiento[22]. Todos estos efectos tienden a limitar nuestra capacidad para aprender.

Francesca Gino y yo estudiamos el impacto del cambio constante[23]. Examinamos cómo el aprendizaje se vio afectado por el constante cambio en las tareas de los encargados de realizar el ingreso de datos de procesamiento de hipotecas en un banco japonés. Los participantes se sentaron frente a las computadoras con dos monitores. En uno veían una solicitud de un posible prestatario; en el otro había campos para ingresar los datos. A medida que completaban una tarea, la siguiente aparecería en sus computadoras. Y aunque el cambio de tareas no tuvo costo físico, encontramos que el costo mental sí fue significativo[24]. A medida que los participantes cambiaban cada día, su nivel de rendimiento iba disminuyendo. En otras palabras, su capacidad de aprender se veía limitada.

Aprendiendo eficazmente de la especialización y la variedad

Un alumno dedicado debe implementar tanto la especialización como la variedad, pero ¿cómo? La compañía de software Valve proporciona una ilustración vívida de cómo lograr esta combinación y tener éxito implementándola. Valve es un galardonado desarrollador de juegos para PC como Half-Life, Counter-Strike, Team Fortress y Portal. Además, ejecuta una plataforma, Steam, que distribuye juegos de PC propios y de otras empresas. En marzo de 2017, se estimó que más de 40 millones de usuarios jugaban en Steam y que más de 220 millones de usuarios activos estaban en la plataforma, generando ingresos por valor de varios miles de millones de dólares[25].

Gabe Newell cofundó Valve en 1996[26]. Los trece años anteriores lo había pasado trabajando en Microsoft como productor de las tres primeras versiones de Windows. A mediados de la década de 1990, ya había obtenido la fortuna suficiente como para hacer cualquier cosa que le gustara — que en su caso era iniciar una empresa con gente interesante que disfrutara creando productos que tuvieran un impacto positivo en la mayor cantidad de usuarios posible—. Mientras estuvo trabajando en Microsoft, Newell se dio cuenta de que Windows era la segunda opción para el software en los PC de los usuarios. La primera era Doom, un popular juego de disparos en primera persona, creado por un pequeño equipo en Mesquite, Texas. Newell estaba seguro de que los juegos de software serían el producto del futuro porque combinaban la innovación tecnológica y el entretenimiento para permitir experiencias de sumersión. Esa información fue la base de Valve, una compañía que atraería al mejor talento, lo conservaría y lo desarrollaría y se mantendría cerca de sus clientes. Un elemento clave del enfoque de Newell fue que a los empleados de Valve no se les dijo qué hacer. Ellos no tenían jefes, pues se esperaba que ellos mismos descubrieran qué y cómo hacer para crear valor y participar en el proceso de creación.

La estructura horizontal de Valve genera inmensa libertad para que los trabajadores se comprometan con su creatividad y aprendan. ¿Qué tipo de empleados busca la empresa para que se adapte a este modelo? Su manual interno se filtró al público en 2012 y, no mucho después, Ethan Bernstein, Francesca Gino y yo pasamos tiempo con Valve esperanzados en entender su modelo. El manual dice: "Las personas más exitosas en Valve son (1) altamente capacitadas en un amplio conjunto de cosas y (2) expertas de clase mundial dentro de una disciplina más estrecha"[27]. Esto describe lo que a menudo se conoce como una persona con *habilidades en forma de T*. Más adelante, el manual dice: "A menudo, tenemos que prescindir de personas cuyo conocimiento sea demasiado generalizado, sin experiencia o viceversa. Un experto cuya mentalidad es demasiado estrecha tiene dificultades para colaborar. Está visto que, si se basa en generalidades, no tiene cómo profundizar lo suficiente en una sola área termina marginándose y sin hacer verdaderos aportes como individuo"[28].

Aunque Valve desea vincular empleados creativos y curiosos, dispuestos y capaces de desenvolverse en diferentes áreas, si carecen de suficiente profundidad, es posible que no logren conectarse al cambiar de un área a otra o al no identificar las diferencias que hacen que una solución sea la indicada en un área, pero no en otra.

¿Qué y cómo hacer para adquirir habilidades en forma de T? Recordando la revisión de las fortalezas en el Capítulo 7, piensa en cómo vincular la profundidad de tu T con temas y actividades en las cuales disfrutas y eres excelente. Ten en cuenta que si estas dos dimensiones —disfrute y excelencia— no coinciden, aun así puedes participar haciendo aquello que disfrutas con el fin de aumentar la amplitud de tu T.

Si revisamos el ejemplo del banco japonés, veremos cómo opera la combinación entre especialización y variedad. El hecho de que los procesadores de préstamos hipotecarios estuvieran cambiando de tareas durante el día los llevó a una disminución en su aprendizaje, por lo cual, a corto plazo, pareció muy útil que fueran especializados. Sin embargo, descubrimos que, a largo plazo, participar en una variedad de tareas aumentaba su aprendizaje. El consejo en ese contexto es claro: a corto plazo, es recomendable ser especializado, pero con el tiempo, conviene diversificar. Piensa en tus habilidades en forma de T y pregúntate: ¿en qué te estás especializando y cuándo, y en qué estás ampliando tus habilidades y cuándo?

Para aprovechar la especialización y la variedad, necesitas comprender que el éxito depende de un portafolio de experiencias. Ilustrando este punto, veamos el ejemplo de Sloan Gibson, otro Secretario del Gabinete de los Estados Unidos. Al igual que Robert McNamara, Gibson sirvió en el Ejército de los Estados Unidos; se graduó en West Point y se convirtió en un oficial de infantería con cualificaciones de Airborne y Ranger en la década de 1970. Después de ser dado de baja del Ejército, ingresó en la industria financiera y fue ascendiendo hasta llegar a convertirse en Presidente y Director Financiero de AmSouth Bancorporation, un banco de *Fortune 500*. En 2008, luego de su retiro de AmSouth, fue Presidente y CEO de United Service Organizations (USO), la cual se fundó durante la Segunda Guerra Mundial para apoyar a los miembros del servicio y sus familias. Luego, en 2014, se le pidió que trabajara como Subsecretario de Veterans Affairs (VA) bajo la dirección del Secretario Eric Shinseki.

La secretaría adjunta era una posición un poco forzada para Gibson, pues tenía gran experiencia en liderazgo, esfuerzos de cambio, servicio al cliente y trabajo con veteranos, pero no en el cuidado de la salud. Reflexionando sobre sus experiencias, manifestó: "Si a lo largo de mi carrera hubo un hilo conductor, fue el hecho de que siempre me dieron a arreglar cosas que estaban rotas"[29]. También señaló que arreglar cosas rotas requiere de un aprendizaje significativo. No puedes seguir haciendo las cosas de la misma manera, ni aplicar una solución exactamente como hayas visto que la aplican en otra parte o circunstancia; necesitas conocer todas y cada una de las complejidades de la situación en la que te encuentras en el momento para así diseñar un nuevo enfoque que contribuya a hacer avanzar las cosas.

Durante sus primeras reuniones con el equipo principal de VA, Gibson notó que su enfoque para aprender sobre las actividades del departamento era diferente al de los demás. Era claro que, cuando trataba de entender qué desafíos enfrentaba la organización, sus preguntas tendían a profundizar más de lo normal. A menudo, se reunía con personas a muchos niveles por debajo de su cargo en la organización, una práctica poco popular, con el fin de tratar de enterarse de los detalles de los que nadie quería hablar, en lugar de conformarse con una versión editada y desinfectada de lo que otros pensaban que él debía saber. Desde el principio, Gibson manifestó que su "tolerancia al caos" era quizá superior a la que otros miembros del departamento estaban acostumbrados. Por desgracia, pronto esa tolerancia fue puesta a prueba.

En febrero de 2014, un analista del Programa VA en Phoenix presentó una queja ante el inspector general del departamento federal (IG) diciendo que el personal de Phoenix, en un esfuerzo por alcanzar los objetivos de la programación en 14 días, estaba esperando para ingresar citas en el sistema, falsificando registros y, algunas veces, borrando registros. Además de las consecuencias médicas que esas medidas implicaban para los veteranos, quienes no estaban recibiendo la atención necesaria de manera oportuna, esta ofuscación limitaba la capacidad de aprender y mejorar. VA inició una investigación completa. El IG encontró evidencia generalizada de irregularidades y 14 de los 17 líderes principales de VA, incluido el secretario, tuvieron que ser remplazados[30].

Gibson asumió el cargo de Secretario Interino del Departamento y el Presidente Obama nombró a Robert McDonald, ex Presidente y Director General de Procter & Gamble, como Secretario. McDonald y Gibson se encargaron de reformar VA. Durante su breve tiempo allí, Gibson ya había aprendido que el departamento enfrentaba un desafío clave. Shinseki "venía de una formación militar", como explicó Robert Snyder, Jefe de Personal de VA. "Creía en la planificación centralizada con ejecución descentralizada y asumía que, en el mejor de los casos, la gente le diría la verdad. . . confiaba en que la gente hablara con franqueza. Sin embargo, lo que a menudo le decían era lo que *pensaban* que él quería escuchar. . . [Énfasis agregado]"[31]. El exsecretario había abordado el desafío de dirigir VA de manera similar a dirigir el Ejército de los EE. UU., un trabajo en el que había sobresalido. Desafortunadamente, como ya hemos visto, la experiencia puede llegar a cegarnos. Mudarse a un nuevo entorno requiere de aprendizaje y adaptación. La variedad de experiencias de Gibson y McDonald los había preparado para conocer y abordar las numerosas dificultades que enfrentaba VA.

Gibson y McDonald emprendieron un recorrido con el único propósito de escuchar y así llegar a comprender la situación. Gibson manifestó: "En el Ejército aprendí el mantra de 'manejar el sonido del arma'. A lo largo de mi carrera, cuando hay problemas, voy directo a ellos para conocerlos y afrontarlos. Si yo no lo hago, ¿quién lo hará?"[32]. Después de escuchar inquietudes de unos y otros, tanto Gibson como McDonald tomaron medidas inmediatas para corregir los problemas que habían descubierto. Gibson señaló: "Parte de lo que estábamos haciendo era modelar un buen comportamiento de liderazgo tomando posesión y mostrando que el cambio fue posible". Los recorridos que hicieron para escuchar fueron diseñados para sostener interacciones con un grupo diverso de partes interesadas, desde personas dentro de VA hasta veteranos y críticos vocales. Gibson explicó: "Trabajamos no solo para comprender los problemas y las muchas perspectivas, sino también para transmitir un mensaje poderoso sobre las posibles soluciones y también para celebrar los muchos aspectos positivos de VA y cierta partes específicas de la operación. Todo esto fue diseñado para brindar soluciones auténticas y recuperar la confianza". Como parte de este esfuerzo, McDonald y Gibson iniciaron un plan de 90 días, "The Road to Veteran's Day", y comenzaron con numerosas acciones, incluido un plan de incremento del rendimiento para reconstruir la confianza, mejorar la prestación de servicios y crear una base a largo plazo.

El objetivo de todos estos esfuerzos fue aprender cómo la organización podría darles atención de calidad a los veteranos y al mismo tiempo brindarles valor a los contribuyentes. La idea clave de Gibson fue: "Como organización de atención médica, VA tiene dos activos estratégicos masivos —nuestra escala y nuestro alcance—. Imagínense si pudiéramos identificar los cientos de procesos más importantes que conducen a excelentes resultados de atención médica. ¿Cuáles serían? ¿Qué tal que pudiéramos identificar las mejores prácticas dentro de VA para todas y cada una de esas cientos de consultas e inculcarlas en toda la empresa?"[33]. El equipo de expertos se centró en desarrollar esta perspectiva.

Los dos años y medio que siguieron fueron turbulentos. McDonald, Gibson y su equipo no lograron completar la transformación de VA, pero esta ya iba en camino cuando se retiraron en 2017, mediante el cambio de administración. Habían logrado capacitar a más de 150.000 empleados en los nuevos enfoques y aumentaron el personal en más del 10% con el fin de abordar los problemas de acceso y calidad. El acceso al paciente en el mismo día ya estaba disponible en todo el sistema; las medidas de calidad eran altas (VA se desempeñó mejor que el sector privado en el 96% de las medidas ambulatorias); y las reclamaciones pendientes se habían reducido el 90%. Además, los veteranos notaron que los puntajes de satisfacción aumentaron dramáticamente, aun cuando siguió habiendo oportunidades para mejorar.

Lograr los beneficios combinados de la especialización y la variedad es una experiencia de aprendizaje poderosa. A lo largo de su tiempo en VA y durante su carrera anterior, Gibson construyó su propio portafolio de experiencias. ¿Qué tipo de experiencia sería relevante en tu rol? ¿En qué tareas deberías trabajar? ¿Qué herramientas necesitas desarrollar? ¿Quiénes son los clientes a los que sirves? Cada tarea es más bien un conjunto de perfiles de experiencia. Comprender estas diferentes dimensiones hace posible aprender y mejorar.

Participar en algo nuevo suele generar ideas interesantes[34], pero ten cuidado con lo diferentes que son las cosas a lo largo del tiempo. Las investigaciones muestran que la experiencia no relacionada puede interferir en el aprendizaje[35]. Así que trata de agrupar actividades que tengan alguna relación subyacente. Piensa en el portafolio de experiencias que podrías construir —tanto ahora como a lo largo de tu carrera— con el propósito de aprender.

Por último, aprovechar la especialización y la variedad te ayudará a adoptar la perspectiva de un principiante —una poderosa técnica de aprendizaje—. Uno de los desafíos de ganar experiencia es que olvidamos lo difícil que era aprender las cosas[36]. La memoria selectiva nos ayuda de alguna manera —estamos dispuestos a tratar de aprender cosas nuevas que quizá sean difíciles—, en lugar de solo rendirnos, pero también nos hace menos empáticos con otros que carecen de nuestro conocimiento. Cuando vemos las cosas con nuevos ojos, somos capaces de reconocer un desafío que nos ha estado mirando a la cara todo el tiempo. Como Gibson me comentó: "Creo que una de las cualidades clave de un buen líder es la humildad. Eso es lo que permite que un líder esté abierto a aprender de los demás".

Combinar la especialización y la variedad es una forma útil de volver al modo de principiante. Primero, recuerda el poder de la variedad secuencial. Es posible que, a veces, necesites disminuir la velocidad para moverte más rápido. Cuando varías el orden en el que haces las cosas, tal vez, le prestes más atención a cada una y encuentre formas de mejorar. En segundo lugar, intenta adoptar de manera intencional la perspectiva de un principiante, sobre todo, en áreas en las que tengas experiencia. Además, procura reflexionar sobre las actividades en las que no eres un experto y piensa en tus luchas. Recuerda con qué luchaste inicialmente en tu área especializada y observa quiénes más, ya sean colegas, clientes o competidores, luchan con eso mismo[37]. Esto generaría ideas novedosas para mejorar.

La especialización y la variedad son herramientas poderosas de aprendizaje, pero tienen serios inconvenientes potenciales. En lugar de tratarlas como una opción u otra, úsalas juntas con el fin de aprender.

Capítulo 9

Aprende de los demás

"Nunca he conocido a un hombre tan ignorante como para no encontrar nada que aprender de él".

-Galileo Galilei

Una de mis áreas clave de estudio como académico ha sido indagar sobre cómo la familiaridad del equipo —la experiencia laboral previa que comparten los individuos— conduce a mejores resultados. Sin embargo, no me propuse estudiar este tema, sino que me tropecé con él. A principios de 2005, me reuní con mi asesor, Dave Upton, quien me preguntó si quería ir ese verano a Bangalore durante un par de semanas para aprender sobre la aplicación de los principios del Sistema de Producción Toyota a los servicios de software en Wipro Technologies. Yo no sabía con lo que me iba a encontrar, pero sí sabía cuál era la respuesta correcta cada vez que se me presentaba una oportunidad como esa: "¡Sí!".

Esas dos semanas fueron un torbellino. Por lo general, salía del hotel a las 7:00 a.m. y regresaba alrededor de las 9:00 p.m. Los días estuvieron llenos de reuniones con altos ejecutivos, gerentes de proyectos, miembros de equipos, gerentes de calidad, uno tras otro.

Nuestras discusiones se referían a sus esfuerzos "magros", pero, más que todo, hablábamos de cómo los individuos y los equipos aprenden a entregar resultados. Estas reuniones sembraron una cantidad de semillas que germinarían como proyectos de investigación subsiguientes —la importancia del proceso, el manejo del fracaso, la formulación de preguntas, la creación del portafolio adecuado de experiencia, etc. —. Pero en ese momento, surgió otra idea: lo que importaba no era solo la repetición de la experiencia con una tecnología o una industria; la interacción repetida era un elemento muy importante. Al trabajar con los mismos miembros del equipo, los individuos se dan cuenta de que aprenden y mejoran su rendimiento en gran manera.

Esta idea se convirtió en el núcleo de mi tesis doctoral en Harvard[1]. Recolecté datos de todo Wipro durante tres años —cientos de proyectos, decenas de miles de empleados con innumerables detalles sobre ambos, para su análisis—. El hallazgo fue tanto consistente como poderoso: los equipos que habían trabajado juntos antes eran mucho más predispuestos a entregar sus proyectos a tiempo, dentro del presupuesto asignado y con mayor nivel de calidad. La experiencia previa en conjunto estaba relacionada con una disminución del 30% en la desviación del presupuesto y con una disminución del 19% en los errores.

Años más tarde, en el Proyecto Aristóteles (inspirado por el dicho de Aristóteles "El conjunto es mayor que la suma de sus partes"), Google descubrió que el óptimo nivel de rendimiento, el aprendizaje y la innovación del equipo eran menos una función de las habilidades previas de los individuos que la forma en que los miembros del equipo interactuaban y su experiencia previa entre ellos.

Hablar solo de estrategias para aprender por nosotros mismos pasa por alto la importancia del papel que otros juegan en el éxito de nuestro aprendizaje. La gente con la cual interactuamos es parte integral de nuestro éxito o fracaso final.

¿Por qué los demás nos inducen hacia el aprendizaje?

Quienes te rodean ejercen cierto impacto en tu motivación, en el proceso que sigues para aprender y en el conocimiento que adquieres. En primer lugar, considera la motivación, la cual se ha catalogado casi siempre como una de dos clases: intrínseca (a la espera de recompensas internas) o extrínseca (a la espera de recompensas externas)[2]. Las primeras investigaciones sugirieron que las malas relaciones nos hacen sentir insatisfechos y desmotivados[3]. Por ejemplo, una mala relación con un jefe podría llevarte incluso a dejar ese trabajo.

En cambio, las buenas relaciones logran más que eso: mejoran tu salud y te dan esperanza de vida. Por ejemplo, las relaciones que generan apoyo social están relacionadas con menos dolor reportado y con menos necesidad de medicamentos[4]. Además, las conexiones con otros proporcionan lo que los sicólogos ahora llaman *motivación prosocial* —el deseo de ayudar y alentar a otros[5].

Quizás, el ejemplo más sorprendente proviene de la investigación realizada por el profesor de Wharton, Adam Grant, junto con sus colegas, quienes observaron a un grupo de estudiantes que trabajaban en un centro de llamadas para recaudar fondos para una universidad[6]. La intervención fue simple: algunos de los participantes recibían una carta de un estudiante expresándoles su gratitud por el trabajo realizado en la recaudación de fondos y destacando cómo esta actividad había mejorado la experiencia universitaria del remitente. Como resultado de esa carta, los participantes que la recibieron no solo recaudaron el 171% más de dinero que los otros encargados de hacer las llamadas, sino que también se mantuvieron el 142% más de tiempo en el teléfono. Una pequeña conexión con el beneficiario condujo a grandes resultados y a una mayor motivación.

Paul Green, Francesca Gino y yo estábamos interesados en lograr que las relaciones fueran aún más cercanas — ¿qué tal si observábamos a los compañeros de trabajo en lugar de al usuario final? Con ese fin en mente, trabajamos con una empresa de agro negocios integrada examinando por adelantado sus operaciones de recolección. Asignamos a los recolectores a tres escenarios al azar: (1) beneficiario externo —alguien fuera de la empresa—; (2) beneficiario interno —alguien dentro de la empresa—; y (3) grupo de control. Los dos primeros grupos veían un video corto de un cliente o un empleado de la fábrica agradeciéndoles sus esfuerzos. Luego, observamos durante un tiempo cuál era el comportamiento en la productividad y los datos mostraron que el grupo beneficiario interno superó a los grupos externos y de control. Un poco más de investigación reveló que ese incremento fue impulsado por una mayor motivación de las relaciones.

¿Por qué el entrenamiento básico militar en todo el mundo se centra en la creación del espíritu de equipo? Porque, cuando reconocemos que los demás dependen de nosotros, es más probable que persistamos en nuestros esfuerzos por aprender y mejorar. Antes de que el General Stanley McChrystal tomara en 2009 el mando de la Fuerza de Asistencia de Seguridad Internacional y las Fuerzas de los Estados Unidos en Afganistán, dirigió el Comando Conjunto de Operaciones Especiales, donde observó los tremendos beneficios de mantener las unidades juntas, no la norma en las fuerzas convencionales del Ejército de los Estados Unidos. Cuando hablé con él acerca de las lecciones que había aprendido, me dijo que se había esforzado por mantener las unidades juntas en Afganistán para que los soldados pudieran adaptarse y aprender en medio de un entorno nuevo y difícil[7]. Cuando nos topamos con obstáculos y no estamos seguros de poder continuar, las relaciones que nos rodean nos proporcionan fortaleza y apoyo. Esta fuente de motivación es importante en el viaje hacia el aprendizaje.

El segundo beneficio del aprendizaje que proviene de los demás es quizás el más obvio —ellos tienen un conocimiento que resulta valioso para nosotros—. La mejor ilustración que tengo con respecto a este punto proviene de la persona más inteligente que conozco —lo llamaremos James—. Mientras colaborábamos en una investigación, me impresionó la forma en que James interactuaba con personas nuevas para él en muchos roles diferentes, a menudo, personas que no parecían tener mucho que enseñar o cuyos trabajos carecían de estatus. Yo lo observaba con mucho interés hasta que al fin decidí preguntarle: "Tienes que saber que eres la persona más inteligente en cualquier lugar en el que te encuentres y a donde sea que vayas. ¿Qué te motiva a seguir aprendiendo?". James me respondió que hace mucho tiempo que entendió que, quienquiera que sea su interlocutor en cualquier conversación y lugar en el que se encuentre, siempre sabe algo (o algunas cosas) que él no sabe y su objetivo es descubrir qué es y aprenderlo.

Cuando trabajas con personas que cuentan con información y experiencias diferentes a las tuyas, tienes la oportunidad de aprender cosas nuevas. Este es uno de los beneficios que se cita a menudo cuando se habla de fomentar la diversidad en los equipos[8]. Las diferencias aumentan el conocimiento agregado disponible para los individuos. Por ejemplo, los profesores Sriram Narayanan, Jay Swaminathan y Sridhar Balasubramanian encontraron que el aprendizaje individual entre los programadores de software mejoraba mediante un conjunto de experiencias más diverso[9]. El profesor de INSEAD, Manuel Sosa, investigó qué factores llevan a la creatividad en las relaciones diádicas (uno a uno)[10] y encontró que las personas en una empresa europea de software generaban más ideas creativas cuando tenían vínculos directos con otras personas cuyo conocimiento era diverso en lugar de similar al suyo. Y Chris Liu, profesor de Rotman Business School en Toronto University, también llegó a conclusiones similares en entornos tan variados como los laboratorios de investigación del MIT y el Congreso de los Estados Unidos. Liu descubrió que cuando ocurren circunstancias inesperadas —como cuando un congresista se desvincula de un colega después de que este último pierde una elección— que conducen a que un individuo esté rodeado de nuevos conocimientos, es probable que esa persona aprenda y actúe según ese conocimiento[11]. Ya sea que estés en un equipo o trabajes por tu cuenta, estar rodeado de otros que tienen un conocimiento valioso te ayuda a aprender.

También procesamos mejor la información cuando estamos rodeados por otros, ya que ellos no solo comparten información con nosotros, sino que también tenemos la posibilidad de resolver problemas conjuntamente. Lo que esto significa es que, al interactuar con quienes nos rodean, tenemos infinidad de oportunidades para combinar nuestro conocimiento de nuevas maneras y descubrir cómo usar creativamente todo lo que sabemos.

No hay duda de que haremos un mejor trabajo seleccionando información nueva o que interpretaremos de maneras diferentes y productivas la información que ya tenemos[12]. Otro beneficio es que quienes nos rodean podrán explicarnos lo que no entendamos o guiarnos a adoptar un enfoque diferente que encaje con nosotros.

En mi experiencia personal, me he dado cuenta de que hago mi mejor trabajo cuando interactúo con otros. De manera aislada, es posible que se me ocurra un punto de vista interesante y personal sobre cómo analizar las cosas, pero el hecho de escuchar una y otra opinión de diversas fuentes es lo que me pone a prueba y me ayuda a aprender y a crecer. En mis colaboraciones más frecuentes y exitosas, mis colegas me han aportado ideas nuevas e importantes, a menudo, de diferentes disciplinas, junto con enfoques novedosos sobre cómo abordar y darle sentido a determinada situación. Incluso escribiendo este libro, las frecuentes conversaciones y los comentarios de mi editor, Tim Sullivan, de mi mujer y de mis colaboradores de investigación le dieron un toque esencial a este trabajo. Así que, tengo la certeza de que, al compartir mis inquietudes e investigaciones con otros, escucharé ideas que mejorarán mi propia comprensión de las cosas.

Los desafíos de tratar de aprender de otros

Dados los innumerables beneficios que obtenemos del hecho de aprender de los demás, entonces ¿por qué es esta una lucha tan grande? Primero, porque tendemos a no apreciar qué tanto nos aportan muchas de las actividades que compartimos con quienes nos rodean y porque además le restamos importancia al papel que ellos ejercen en nuestro éxito personal. Es un desafío tan común, que tiene su propio nombre —*negligencia de coordinación*[13]—. Para estudiar en qué consiste, Katy Milkman, Craig Fox y yo nos dimos a la labor de observar algunos equipos[14]. A cada uno se le asignó una tarea de grupo, motivo por el cual uno pensaría que, habiendo varios equipos, todos harían lo posible por ser el más sobresaliente. Pero incluso así vimos la lucha.

Al comienzo, hicieron diversos cálculos sobre cuánto pensaban ellos que tardarían en completar varias tareas. Por ejemplo, les mostramos una figura humana construida con bloques de LEGO y les pedimos que calcularan más o menos cuánto tiempo creían ellos que le tomaría construir la misma figura a un equipo de dos personas. Luego, les preguntamos cuánto tiempo les parecía que le tomaría hacer eso mismo a un equipo de cuatro personas. A este punto, observamos que, al tratar de calcular el tiempo en el caso de que el equipo fuera más grande, su tendencia fue a centrarse en los beneficios que lograrían al dividirse el trabajo entre ellos. Fue así como, con toda la razón, asumieron que lo más conveniente sería dividirse la tarea y que cada miembro del equipo se encargara de su trabajo individual. Así las cosas, un equipo de cuatro personas trabajaría el doble de rápido.

Pero ese supuesto no tuvo en cuenta el tiempo de coordinación que se requiere para trabajar de esa forma. Aunque cada uno hiciera su parte del trabajo, por ejemplo, la pierna derecha, la pierna izquierda, los brazos o la cabeza y el torso, aun así, el equipo tenía que ensamblar la figura.

Encontramos el mismo efecto cuando examinamos los cálculos individuales de las horas requeridas para realizar proyectos de software. Cuanto más grande es el equipo, mayor es el error en el cálculo del tiempo requerido. Esto concuerda con la sabiduría convencional en la industria reflejada en el clásico de Fred Brooks, *The Mythical Man-Month*[15]. Brooks, el líder de la oferta de computadoras System/360 de IBM y el fundador del Departamento de Informática de UNC Chapel Hill, analiza en su obra cómo la forma en que gastar más horas por persona en un proyecto de software frena considerablemente el proceso y, sin embargo, a los administradores esta les parece una solución viable cuando la producción está retrasada. Este punto se ha simplificado como la Ley de Brooks, bien conocida por cualquier persona versada en gestión de proyectos: "Agregar personal a un proyecto de software tardío hace que el resultado final se demore más"[16]. Olvidamos toda la coordinación que se requiere a medida que traemos nuevas personas a un proyecto.

Con toda seguridad, comprenderás el desafío que esto significa cuando se trata de aprender. Vemos esta labor como tareas divisibles que pueden ser abordadas individualmente. Y esa misma coordinación que necesitamos para mejorar la eficiencia también es necesaria para el aprendizaje. Debemos reconocer y abordar las innumerables interconexiones para comprender a ciencia cierta el complejo trabajo que emprendemos al lanzarnos a un aprendizaje. Sin embargo, tendemos a descuidar dichas interconexiones cuando nos enfocamos internamente.

El segundo desafío de incorporar a otros en nuestro proceso de aprendizaje es identificar en qué consiste su conocimiento y luego tratar de extraerlo. No tenemos un índice de búsqueda de toda la información que ellos poseen, por lo cual no es sorprendente que no los busquemos para que nos brinden información. No sabemos quién sabe qué, ni cómo preguntar.

Este desafío se complica debido a la forma en que interactuamos con los demás. Cuando hablamos con otras personas, tendemos a centrarnos en información compartida en lugar de información única[17]. ¿Cómo se ve esto en la práctica? Imagínate que estoy tratando de obtener información y conocer más a un nuevo cliente. Hasta el momento, sé que él tiene una formación técnica muy sólida, motivo por el cual estoy tratando de enfocar mi conversación en los detalles tecnológicos. Sin embargo, un colega mío que trabajó con él en una empresa anterior sabe que a la hora de tomar decisiones, él tiende a decidirse por la propuesta de valor que a él le parezca más importante. Así que, cuando yo comience a hablar con el cliente, es probable que me enfoque en los antecedentes técnicos —de los cuales ya estoy informado— así como también es muy probable que ni siquiera le mencione el punto de la propuesta de valor —pues no me siento seguro en ese campo.

Esto ocurre por dos razones. Primera, porque tendemos a buscar información que sea consistente con nuestros puntos de vista ya existentes. Comenzamos haciendo preguntas sobre lo que ya sabemos, no sobre lo que no sabemos. En segundo lugar, porque nos sentimos bien al hablar de algo que tanto nuestro interlocutor como nosotros sabemos. Cuando ya sabemos lo que alguien nos está diciendo, también sabemos que lo que nos dice es creíble. Pero eso significa que tal vez nunca logremos acceder a la información no compartida que es la que en verdad nos ayudaría a aprender más.

El tercer desafío es de carácter interpersonal. En teoría, cuando estamos rodeados de personas con conocimientos diferentes a los nuestros, podemos aprovechar para resolver problemas y procesar conjuntamente la información. Sin embargo, una larga línea de investigación revela que, a menudo, la diversidad tiene un impacto negativo en el aprendizaje y el rendimiento[18]. Cuando estamos rodeados de personas con ideas diferentes a las nuestras, no siempre estamos abiertos a sus perspectivas. En lugar de pensar en el mundo como un rompecabezas gigante y en que todos tenemos diferentes formas para contribuir, tendemos a creer que ya somos capaces de ver la imagen completa, incluso cuando no la vemos. Este sesgo egocéntrico se extiende a lo largo de nuestras interacciones con los demás. Como dice Joachim Krueger, sicólogo social de Brown University: "Se dice que el ego, como si fuera un gobierno totalitario, moldea la percepción de tal manera que protege el sentido de su propia buena voluntad, su lugar central en el mundo social y su control sobre los resultados relevantes" [19].

Con nuestra visión detallada y basada en la experiencia del mundo, asumimos que los demás ven las cosas como nosotros. El sicólogo de Stanford, Lee Ross, llama a esto *realismo ingenuo*: "La inquebrantable convicción de una persona de que él o ella está de alguna manera al tanto de una realidad invariable, conocible y objetiva, una realidad que otros percibirán fielmente, siempre que sean razonables y racionales"[20]. Pero, con frecuencia, los demás no ven las cosas como nosotros, no porque estén tratando de ser difíciles, sino porque ven el mundo a través de su propio y diferente conocimiento. Cuando somos capaces de canalizar estas diferencias en conflictos productivos en torno a una tarea, podemos generar ideas nuevas y perspicaces. Sin embargo, con demasiada frecuencia, el conflicto se vuelve personal, lo cual impide el aprendizaje.

Aprendiendo exitosamente de otros

¿Cómo hacer entonces para incorporar las perspectivas de otros en aras de mejorar tu forma de aprender? Primero, debes conocer a las personas con las que estás trabajando y valorar al grupo como parte del aprendizaje individual. Los profesores Nicholas Epley y Juliana Schroeder resaltan en gran manera que no somos "lo suficientemente sociales con respecto a nuestro propio bienestar"[21]. Ellos investigaron las experiencias de las personas que viajan a diario entre su lugar de residencia y su lugar de trabajo. En varios experimentos, las personas predijeron que serían más felices en sus desplazamientos si tuvieran tiempo a solas. Los investigadores asignaron al azar a los participantes a: (1) interactuar con otros durante su viaje; (2) no interactuar con otros; o (3) seguir su enfoque habitual. Los resultados mostraron que, cuando las personas interactuaban con otras personas, eran más felices y, por lo menos, igual de productivas. Además, estudios posteriores revelaron que las personas se equivocaban al predecir lo que sucedería porque estaban equivocadas acerca de cómo los demás verían la interacción; resulta que, a menudo, nos gusta que otros interactúen con nosotros.

Llegar a otros, incluso desde antes que necesites su ayuda, crea la base para futuras interacciones. Hacerles preguntas a otras personas las hace sentirse bien informadas y que tú les agrades aún más[22].

Cambiar tu mentalidad para enfocarte en las interacciones con los demás no siempre es fácil. Debo admitir que, con demasiada frecuencia, he visto estas interacciones como un tiempo "desperdiciado" que no dediqué a "trabajar" en algo más provechoso. Eso está mal. A través de una introspección lenta, y en ocasiones dolorosa, me he dado cuenta de que esas interacciones también son "tiempo de trabajo". Son una inversión en el aprendizaje a largo plazo y —de acuerdo con la investigación— admito que, por lo general, son divertidas y motivadoras, pues cuando estoy rodeado de gente que me importa y con la cual me identifico, todos trabajamos más y aprendemos más.

El segundo paso es encontrar maneras de trabajar con las mismas personas una y otra vez. Al igual que la repetición de una tarea contribuye a la curva de aprendizaje, la repetición de interacciones también genera beneficios de aprendizaje. Gran parte de mi trabajo ha involucrado el estudio de este aspecto en el contexto de los equipos, pero cualquiera que sea el entorno, tales interacciones crean una base para el aprendizaje[23].

Cuando solía visitar cirujanos en el centro de atención ambulatoria de UNC, donde se realizan cirugías ambulatorias, algunos de ellos se quejaban de la constante pérdida de personal en la sala de operaciones. Los nuevos empleados no entendían sus indicaciones, ni comprendían sus solicitudes, por lo cual se perdían las oportunidades de aprendizaje. Robert Booth, el cirujano ortopédico descrito en el Capítulo 3, desarrolló un proceso de aprendizaje que no solo evalúa la tarea, sino que también mantiene fija a la mayor cantidad de personal posible. Cuando él se mudó a un nuevo hospital, trató de llevar consigo no solo a su personal de quirófano, sino también a las personas detrás de escena involucradas en el proceso, incluidos los proveedores de servicios centrales y de limpieza.

Piensa en la diferencia que produce el impacto en el aprendizaje en esas circunstancias. En el primer caso, los cirujanos perdían su tiempo tratando de llevar una y otra vez al equipo hasta el nivel de rendimiento en el que debería estar y se frustraban cada vez más. En el segundo caso, Booth había superado las interacciones básicas y él y todo su equipo estaban enfocados en aprender y mejorar el proceso[24].

En mi trabajo en software, consultoría y atención médica, he observado que las interacciones repetidas crean varios beneficios para el aprendizaje[25]. Primero, nos ayudan a coordinar mejor nuestras actividades. A medida que trabajamos juntos, aprendemos conceptos básicos, como un idioma. La experiencia repetida crea una estructura, tanto en la forma en que hablamos como en lo que hablamos, para que podamos avanzar[26]. Por ejemplo, he llegado a apreciar las diferentes formas en que trabajo con mis colaboradores frecuentes. Uno es un experto en detalles, y con esa persona he encontrado que la mejor estrategia es ser específico, ya que, si vamos a aprender y trabajar juntos de manera fructífera, no puedo enfrascarme en detalles mínimos y poco importantes o nunca llegaremos a los problemas más grandes. Con otro, el que sé que no analizará ningún detalle pequeño, yo sé que soy yo quien tengo que analizarlos o podrían surgir grandes problemas más adelante y se afectaría el aprendizaje. Sin duda, mis coautores también han descubierto estrategias para trabajar conmigo. Las interacciones repetidas nos permiten coordinarnos para así prestarle atención a lo que es importante y está relacionado con el aprendizaje.

El segundo beneficio es encontrar el conocimiento que buscamos. El difunto sicólogo de Harvard, Daniel Wegner, describió el desafío de tratar de descubrir quiénes en un grupo saben qué[27]. Él sugirió que, cuando trabajamos con otros, desarrollamos lo que él denominó *un sistema de memoria transactiva* (SMT). Se puede usar un SMT para almacenar el conocimiento sobre quién sabe qué y luego recuperarlo. Trabajar con otros nos da la oportunidad de desarrollar un SMT y las interacciones repetidas hacen que ese SMT sea más sofisticado[28].

El tercer beneficio es que podemos responder mejor al cambio a medida que integramos el conocimiento de otros. Si la única constante es el cambio, entonces debemos estar en continua adaptación. Eso significa encontrar y utilizar lo más rápido posible el conocimiento indicado que, casi siempre, proviene de otras personas. Cuando trabajamos con las mismas personas, es más probable que generemos confianza y, por lo tanto, utilicemos el valioso conocimiento que hemos encontrado[29]. Eso también nos lleva a asumir más riesgos. Así que, si estamos todos juntos, con una mejor ubicación del conocimiento, transferencia de conocimiento y uso de conocimiento, el aprendizaje mejora.

¿Pero la familiaridad es un problema? En el estudio más completo que he visto sobre el tema, el profesor de Northeastern, Ralph Katz, descubrió que el rendimiento de un equipo objeto de investigación al principio mejoró con interacciones repetidas, pero luego disminuyó[30]. Con el tiempo, los miembros del equipo se centraron más en su búsqueda de conocimiento —hablaban con personas de su propio equipo y no con personas de otros equipos—. Sin embargo, la familiaridad rara vez es problemática. Solo cuando todo el equipo permaneció unido durante más de cinco años, el rendimiento se degradó. ¿Cuántos de nosotros trabajamos en equipos constantes durante tanto tiempo? En este día y hora, sospecho que no muchos. Todavía no conozco a un equipo que lleve tanto tiempo junto, a pesar de haber interactuado con cientos (¿miles?) de equipos. Entonces, sí, debes esforzarte por no enfocarte solo en quienes te rodean mientras buscas aprender, pero es poco probable que sobrepases los límites de las que podrían considerarse interacciones repetidas.

En general, para mejorar el aprendizaje, busca formas de trabajar con las mismas personas. La buena noticia es que no tiene que ser todo o nada. La investigación muestra que incluso una relación familiar en un equipo ayuda[31]. Probablemente, no trabajarás con las mismas personas de un proyecto en el siguiente, pero solo uno o dos colegas conocidos pueden ayudarte a aprender.

También mejorarás tu aprendizaje de los demás al cambiar la forma en que interactúas. Uno de los desafíos de la colaboración, como ya señalé antes, es que tendemos a intercambiar información común en lugar de información única, lo que limita nuestra capacidad de aprender. Siendo sinceros, a menudo vemos las interacciones con otros como una competencia. Por ejemplo, cuando los grupos se reúnen para discutir a quién deben contratar o qué característica del producto incluir en la hoja de ruta de un producto específico, piensan en el resultado como una victoria o una pérdida. Toman lo que se ha descrito como una *perspectiva de incidencia*[32]. Por defender su propia opinión sobre un asunto, intentan persuadir a otros de que ellos tienen la respuesta en lugar de buscar más información sobre lo que en realidad está sucediendo. En lugar de escuchar la evidencia que podría contradecir su perspectiva, intentan descartar a cualquiera que vea las cosas de manera diferente. Esta visión competitiva dificulta gravemente el aprendizaje.

En lugar de adoptar un enfoque de defensa, asume una *perspectiva de investigación*. No trates de ganar la interacción, busca colaborar. Discute cosas no para persuadir, sino para compartir lo que sabes y considerar las alternativas con una mentalidad abierta. Cuando nos acercamos a las discusiones abiertos a las diferentes opciones y dispuestos a valorar a las personas con diferentes perspectivas, es más probable que aprendamos, porque escuchamos la información que otros aportan y estamos dispuestos a hacer algo al respecto.

Aquí hay una analogía útil: deseas que un jurado de 12 miembros decida la culpabilidad o la inocencia de una persona. Haz que cada miembro del jurado escuche una doceava parte del juicio. ¿Comenzarías entonces las deliberaciones votando sobre su culpabilidad o inocencia? Después de escuchar solo una doceava parte del juicio, ¿argumentarías que así podrías decidir el destino del acusado sin abrigar duda alguna? Por supuesto que no. Es evidente que cada miembro del jurado tendría información muy diferente. Un buen juez trabajaría para obtener toda la información necesaria sobre la mesa.

Sin embargo, casi siempre, solo tienes una parte de la historia, motivo por el cual debes adoptar una perspectiva de indagación e interactuar de manera productiva con los demás. Para aprender, necesitas conocer mejor las otras 11 doceavas partes de la situación que desconoces. Recuerda el enfoque de la persona más inteligente que conozco: pregúntate en cada interacción qué puedes aprender de la persona que tienes frente a ti.

Eventualmente, necesitas tomar decisiones para avanzar, pero adoptar un enfoque de indagación te permitirá aprender más, mejorando así la calidad de tus decisiones ahora y en el futuro.

El paso final para aprender de otros es reconceptualizar el punto de la interacción. A lo largo de este capítulo, el enfoque se ha centrado en aprender qué conocimientos tienen los demás. Pero compartir nuestro propio conocimiento también puede beneficiarnos. En palabras de Séneca, "El Joven": "*Docendo discimus*" ("Al enseñar, estamos aprendiendo")[33]. Algunas personas piensan que enseñar es impartir conocimientos, pero estos son una fuerza poderosa para el aprendizaje y no solo para los profesores. Todos debemos ser maestros, independientemente de nuestra profesión. Enseñarles a otros nos obliga a comprender mejor el tema. Ganamos confianza en lo que estamos transmitiendo, lo que conlleva al aprendizaje, pero también codificamos las conexiones que hemos hecho para mejorar nuestra propia comprensión del asunto en cuestión. Además, los estudiantes suelen plantear preguntas que cambian nuestra forma de abordar los problemas.

Experimenté los beneficios de esto mientras aprendía el lenguaje de programación Python con uno de mis hijos. Nos inscribimos juntos en un curso en línea y la experiencia fue rica en aprendizaje para mí a medida que escuchaba las diversas lecciones y luego le enseñaba a él. Debido a que he escrito códigos en muchos idiomas, tengo el conocimiento básico en códigos, pero hubo mucho contenido específico de Python que tuve que aprender. Como le enseñé a mi hijo, encontré las lagunas en mi propio conocimiento, así que supe lo que tenía que mejorar. A su vez, sus puntos de vista sobre las cosas me generaron nuevas perspectivas. Y además, él aprendió un poco más al ayudar a su madre a comprender los conceptos básicos de Python. Fue divertido verlo explicarle algo a ella y, cuando ella le hacía una pregunta que él no podía responder, se apresuraba a averiguar antes de presentarle la respuesta y obtener una comprensión más profunda de sí mismo.

Jonathan Clark, Venkat Kuppuswamy y yo exploramos la idea de aprender de la enseñanza dentro de los hospitales[34]. Estudiamos hospitales en Maryland y Nueva Jersey enfocándonos en pacientes cardiovasculares que recibieron angioplastia coronaria translúmina percutánea (ACTP) mediante la cual el cirujano inserta un globo catéter en una arteria coronaria y lo infla para que la sangre pueda fluir alrededor de una obstrucción. Examinamos los datos de más de nueve años en 52 hospitales y encontramos que los médicos que enseñaron más intensamente aprendieron más de su experiencia con el procedimiento, como lo demuestra el hecho de que sus pacientes tenían menos probabilidades de necesitar procedimientos más costosos. Así que Ralph Waldo Emerson lo entendió bien: "Esta es una de las hermosas compensaciones de la vida, que ningún hombre puede ayudar sinceramente a otro sin ayudarse también a sí mismo". Pensamos que el aprendizaje individual involucra a una sola persona. Pero ese enfoque es incompleto. Sí, cada uno de nosotros jugamos un papel clave en nuestro propio proceso de aprendizaje, pero también lo hacen los demás. Debemos entender que, con frecuencia, nuestro aprendizaje depende de otros tanto o más de lo que depende de nosotros. Para superar un enfoque interno, necesitas construir relaciones, tratar de repetir tus interacciones, adoptar una mentalidad de búsqueda para trabajar en conjunto y enseñar a otros. Siguiendo ese camino, evitarás malgastar tu energía y preferirás invertirla aprendiendo.

Capítulo 10

Dee-terminación

"Lo mejor para estar triste… es aprender algo. Eso es lo único que nunca falla. Podrás envejecer y tambalear, quedarte despierto por la noche escuchando lo que acontece en tus venas… ver el mundo a tu alrededor devastado por lunáticos perversos o saber que tu honor es pisoteado en las alcantarillas de las mentes más bajas. Sin embargo, hay una sola cosa para evitar todo eso: aprender. Aprende por qué el mundo se agita y qué lo hace agitarse. Eso es de lo único que la mente nunca se cansa, ni se enajena, ni se siente torturada, ni teme, ni desconfía, ni nunca se arrepiente. Aprender es lo mejor que puedes hacer por ti mismo".

—Merlyn, en *The Once and Future King*

Vivir en una economía de aprendizaje significa que todos debemos enfocarnos en él con cuatro cosas en mente: enfoque, rapidez, frecuencia y flexibilidad. Primero, debes elegir qué temas aprender y luego enfocarte en ellos con la mayor profundidad posible para obtener el conocimiento y la comprensión suficientes como para causar impacto. En segundo lugar, tu tasa de aceleración es importante en el aprendizaje. Debe ser capaz no solo de enfocarte en la dirección correcta, sino también de acelerar con rapidez en esa dirección. Tercero, siempre debes estar abierto al aprendizaje: las oportunidades se presentan con frecuencia, a menudo, en lugares inesperados. Cuarto, debes ser flexible y tener la capacidad de desacelerar y redirigirte hacia la siguiente oportunidad. Enfocarte en los principios del aprendizaje dinámico te ayuda no solo a hacerles frente a los cambios inevitables que has de enfrentar, sino también a adaptarte, aprender, mantenerte actualizado y sobresalir.

Vuelvo a una pregunta que me ha preocupado desde que comencé este proyecto. Si soy un experto en el aprendizaje, ¿por qué no consigo aprender constantemente y a menudo cometo muchos de los errores resaltados en este libro? Esa pregunta se mantuvo en el centro de mis pensamientos durante todo este proceso de escritura (y, francamente, desde mucho antes de eso).

La vida de un académico es, casi siempre, un acto solitario. Me encanta trabajar con otras personas, pero incluso los proyectos conjuntos implican estar solo durante largos espacios, haciendo mi parte. Escribir un libro crea aún más de esos tiempos. Cuanto más tiempo considero la pregunta, más me doy cuenta de que la respuesta es obvia: el aprendizaje es difícil. Si no fuera así, el trabajo ya estaría hecho. El aprendizaje es un proceso que necesita atención constante.

Creo que una metáfora apta es la jardinería. Después de recibir mi MBA, mi esposa y yo nos mudamos a Tampa y allí compramos nuestra primera casa. Era una pequeña y maravillosa casa con hermosas macetas de flores en el patio delantero. Después de que nos mudamos, les prestamos mucha atención a todos los detalles, asegurándonos de que todo estuviera perfectamente arreglado y se viera hermoso en el jardín. Pero después, nos ocupamos. Los dos teníamos nuevos trabajos y eran igual de exigentes. Estar afuera en el jardín ya no nos daba la misma alegría, así que descuidamos esa tarea. El hecho de que cualquier cosa que plantáramos creciera en el rico suelo de Florida fue una bendición para dos jardineros aficionados, pero también significó que las cosas que no queríamos que crecieran también brotaban. Rápidamente, la yerba creció en exceso y ese hermoso espacio dejó de serlo. Si miraba con atención, todavía se divisaba algo de nuestro trabajo inicial, pero, por lo demás, teníamos poco que mostrar como fruto de esa ardua labor.

Restaurar el jardín fue duro, incluso más trabajoso que cuando empezamos. Y esa experiencia se parece al aprendizaje. Incluso si has seguido todos los principios de este libro desde que comenzaste, tu trabajo de aprender todavía no ha terminado. Te distraes. Las cosas a tu alrededor cambian. Tus necesidades cambian. El aprendizaje es un proceso interminable y si no le prestas la atención adecuada, perderás tu arduo trabajo.

Es posible que el aprendizaje nunca termine, pero tú puedes controlar tu proceso, siempre que tengas la voluntad de hacerlo. Cuando uno de mis hijos estaba en el preescolar, aprendió una canción en la que una frase era "Tengo determinación". Cuando la cantaba, hacía el énfasis en la primera sílaba: *dee*-terminación al mismo tiempo que empuñaba una mano y con su puño golpeaba la otra, con la mano abierta delante de su pecho para puntuar la letra, arrugando la cara con una expresión de determinación. Durante la mayor parte del año, cada vez que se encontraba con una tarea difícil, caminaba por la casa cantando que tenía "*dee*-terminación", lucía determinado y le daba un puñetazo a su otra mano. Ahora, cuando estoy en una lucha profunda, me lo imagino haciéndolo y, a veces, hasta me golpeo la mano.

Sí, el aprendizaje requiere una vigilancia constante. Sí, cuando se trata de aprender, tú eres tu peor enemigo, pero, si reconoces el desafío y tratas de superarlo con determinación (y algo de ayuda de este libro), vencerás. Yo decidí convertirme en un académico para entender cómo aprendemos y luego enseñarles a otros sobre el proceso. Me gustaría creer que mi trabajo les ayudará a otros a aprender, pero sé que, a mí, me ha ayudado a hacerlo. Los estudiantes dinámicos están siempre listos para este proceso. Feliz aprendizaje.

Notas

Capítulo 1

1. Ver http://quoteinvestigator.com/2016/12/14/inward/.

2. Oficina de Estadísticas Laborales, "Cantidad de empleos retenidos, actividad en el mercado laboral y crecimiento de las ganancias entre los *baby boomers* más jóvenes: Resultados de una encuesta longitudinal", 24 de agosto de 2017, https: //www.bls. gov / news. release / nlsoy.nr0.htm.

3. I. D. Wyatt y D. E. Hecker, "Cambios ocupacionales durante el siglo XX", *Monthly Labor Review* 129 (2006): 35–57.

4. G. Will, "Un plan para hacer que América vuelva a ser como en 1953", *Washington Post*, 28 de diciembre de 2016.

5. Ibid.

6. S. L. Wang, P. Heisey, D. Schimmelpfennig y E. Ball, "Crecimiento de la productividad agrícola en los Estados Unidos: Medidas, tendencias e impulsores", *United States Department of Agriculture Economic Research Report* 189 (julio de 2015).

7. M. J. Hicks y S. Devaraj, "El mito y la realidad de la manufactura en los Estados Unidos", Ball State University Center for Business and Economic Research, 2015.

8. M. Dvorkin, "Los trabajos que implican tareas rutinarias no están creciendo", Banco de la Reserva Federal de St. Louis, 4 de enero

de 2016, https: // www. stlouisfed.org/on-the-economy/2016/january/jobs-involving-routine- task-arent-growing.

9. A. Smith, *An Inquiry Into the Nature and Causes of the Wealth of Nations* (Londres: W. Strahan y T. Cadell, 1776), 8.

10. Sitio web de la Junta Americana de Especialidades Médicas, Certificados de Especialidades y Subespecialidades, consultado el 6 de noviembre de 2017, http: //www.abms. org / member-boards / speciality-subpecialty-certificados /.

11. B. S. Alper et al., "¿Cuánto esfuerzo se necesita para mantenerse al día con la literatura relevante para la atención primaria?", *Journal of The Medical Library Association* 92, núm. 4 (2004): 429–437.

Capítulo 2

1. Esta sección se basa en G. Pisano, F. Gino y B. R. Staats, "El servicio rápido en Pal: Ampliando un modelo organizativo para impulsar el crecimiento", Caso N9-916-052 (Boston: Harvard Business School, 2016).

2. Ibid.

3. Ibid.

4. E. D. Rothblum, "Miedo al fracaso", *Handbook of Social and Evaluation Anxiety*, ed. H. Leitenberg (Boston: Springer, 1990), 497–537.

5. S. Croes, P. Merz y P. Netter, "Reacción del cortisol en la condición de éxito y fracaso en pacientes y controles con depresión endógena", *Psychoneuroendocrinology* 18, núm. 1 (1993): 23-35.

6. F. M. Levine, S. M. Krass y W. J. Padawer, "El fracaso duele: Efectos del estrés debido a las tareas difíciles y la retroalimentación del fracaso en el informe del dolor", *Pain* 54, núm. 3 (1993): 335–340; y J. H. C. van den Hout et al., "¿Duele el fracaso? Efectos de los comentarios fallidos sobre el informe del dolor, la tolerancia al dolor y la eliminación del dolor", *European Journal of Pain* 4, núm. 4 (2000): 335–346.

7. E. Kross et al., "El rechazo social comparte las representaciones somato sensoriales con dolor físico", *Proceedings of the National Academy of Sciences* 108, núm. 15 (2011).

8. A. Edmondson, "Seguridad sicológica y comportamiento del aprendizaje en equipos de trabajo", *Administrative Science Quarterly* 44, núm. 2 (2011): 350–383; A. C. Edmondson, "Aprender de los errores es más fácil de decir que de hacer: Influencias grupales y organizacionales en la detección y corrección del error humano", *Journal of Applied Behavioral Science* 32, núm. 1 (1996): 5-28; A. C. Edmondson, "Estrategias para aprender del fracaso", *Harvard Business Review* 89, núm. 4 (2011): 48-55; y A. C. Edmondson, R. M. Bohmer y G. P. Pisano, "Rutinas interrumpidas: Aprendizaje en equipo e implementación de nuevas tecnologías en hospitales", *Administrative Science Quarterly* 46, núm. 4 (2001): 685–716.

9. D. Kahneman y A. Tversky, "Avances en la teoría prospectiva: Representación acumulativa de la incertidumbre", *Journal of Risk and Uncertainty* 5, núm. 4 (1992): 297–323.

10. D. T. Gilbert, E. Driver-Linn y T. D. Wilson, "El problema con Vronsky: Sesgo de impacto en el pronóstico de los estados afectivos futuros", en *The Wisdom in Feeling: Psychology Processes in Intelligence Intelligence*, eds. L. F. Barrett y P. Salovey (Nueva York: Guildford, 2002), 114–143.

11. B. A. Mellers y A. P. McGraw, "Emociones anticipadas como guías para la elección", *Current Directions in Psychological Science* 10 (2001): 210-214; D. T. Gilbert y otros, "El problema con Vronsky"; G. Loewenste en T. O'Donoghue, y M. Rabin, "Proyección del sesgo en la predicción de la utilidad futura", *Quarterly Journal of Economics* 118 (2003): 1209-1248; T. D. Wilson, J. M. Meyers y D. T. Gilbert, "¿Qué tan feliz era yo, de todos modos? Un sesgo de impacto retrospectivo", *Social Cognition* 21 (2003): 407–432; y D. A. Kermer et al., "La aversión a la pérdida es un error de pronóstico afectivo", *Psychological Science* 17, núm. 8 (2003): 649-653.

12. D. A. Kermer et al., "La aversión a la pérdida se aplica a las predicciones más que a la experiencia", en T. D. Wilson y D. T. Gilbert, "Predicción afectiva: Saber qué querer", *Current Directions in Psychological Science* 14, núm. 3 (2005): 131-134.

13. R. F. Baumeister, E. Bratslavsky, C. Finkenauer y K. D. Vohs, "Lo malo es más fuerte que lo bueno", *Review of General Psychology* 5, núm. 4 (2001): 323-370.

14. Wilson y Gilbert, "Pronóstico afectivo".

15. B. Weiner, *Achievement Motivation and Attribution Theory* (Morristown, NJ: General Learning Press, 2005); B. Weiner, "Una teoría de la motivación para algunas experiencias de clase", *Journal of Educational Psychology* 72 (1979): 676–681; y B. Weiner, *Judgments of Responsibility: A Foundation for a Theory of Social Conduct* (Nueva York: Guildford, 1995).

16. R. P. Feynman y P. D. Sackett, "Seguro que estás bromeando, Sr. Feynman! Las aventuras de un personaje curioso", *American Journal of Physics* 53, núm. 12 (1985): 1214-1216.

17. El error de atribución fundamental también se conoce como sesgo de correspondencia (L. Ross, "El sicólogo intuitivo y sus defectos", *Advances in Experimental Social Psychology* 10 [1977]: 173-220; y DT Gilbert y PS Malone, "El sesgo de correspondencia", *Psychological Bulletin* 117, núm. 1 [1995]: 21–38.)

18. L. Ross, T. M. Amabile y J. L. Steinmetz, "Roles sociales, control social y sesgos en los procesos de percepción social", *Journal of Personality and Social Psychology* 35 (1977): 485–494.

19. D. A. Moore, S. A. Swift, Z. Sharek y F. Gino, "Sesgo de correspondencia en la evaluación del desempeño: Por qué funciona la inflación de grado", *Personality and Social Psychology Bulletin* 36, núm. 6 (2010): 843-852.

20. F. Heider, *The Psychology of Interpersonal Relations* (Nueva York: Wiley, 1958).

21. D. KC, B. R. Staats y F. Gino, "Aprendiendo de mis éxitos y del fracaso de otros: Evidencia de una cirugía cardíaca mínimamente invasiva", *Management Science* 59, núm. 11 (2013): 2435–2449.

22. C. G. Myers, B. R. Staats y F. Gino, "'¡Mi lado malo!' Cómo la atribución interna y la ambigüedad de la responsabilidad afectan

el aprendizaje del fracaso", documento de trabajo 14–104, Harvard Business School, Boston, 2014.

23. C. Sedikides, "Evaluación, mejora y determinantes de la verificación del proceso de autoevaluación", *Journal of Personality and Social Psychology* 65 (1993): 317–338; J. I. Krueger, "El retorno del ego: Información que se refiere uno mismo como un filtro para la predicción social —Comentario sobre Karniol— (2003)" *Psychological Review* 110, núm. 3 (2003): 585–590; y A. H. Jordan y P. G. Audia, "Mejora de sí mismo y aprendizaje de la retroalimentación de desempeño", *Academy of Management Review* 37, núm. 2 (2012): 211-231.

24. Al igual que muchos otros estudiantes universitarios, yo también maduré y comencé a comprender que tendría que trabajar más duro para lidiar con los trabajos cada vez más desafiantes que encontrara. Sin embargo, durante mi penúltimo año, todavía estaba comportándome como en mis años iniciales, pero el esfuerzo jugó un papel mucho más importante en mi éxito. Electromagnética resultó ser una clase bastante desafiante. En ese tiempo, mi hermano estaba terminando su doctorado y mi profesor también estaba en su comité de disertación. Después de una exitosa sustentación del doctorado, la conversación giró en torno a mí y el profesor comentó: "Él es muy inteligente, pero no se esfuerza lo suficiente". En ese momento, tomé el comentario como un cumplido; hoy, con mi comprensión del papel del esfuerzo en el aprendizaje, me doy cuenta de que no lo era.

25. K. D. Elsbach y R. M. Kramer, "Respuestas de los miembros a los retos de identidad organizacional: Encontrar y contrarrestar las clasificaciones de *Business Week*", *Administrative Science Quarterly* 41, núm. 3 (1996): 442–476.

26. P. G. Audia y S. Brion, "Renuencia al cambio: Respuestas que se mejoran a sí mismas ante medidas de desempeño divergentes", *Organizational Behavior and Human Decision Processeses* 102, núm. 2 (2007): 255-269.

27. P. Green, F. Gino y B. R. Staats, "Buscando confirmación: Cómo una retroalimentación amenazante lleva a las personas a reformar

sus redes sociales", documento de trabajo, Harvard Business School, Boston, 2016.

28. N. J. Roese, "La base funcional del pensamiento contrafactual", *Journal of Personality and Social Psychology* 66 (1994): 805–818; L. J. Sanna, S. Meier y K. J. Turley-Ames, "Estado de ánimo, autoestima y contra factuales: Los estados de ánimo atribuidos externamente limitan las estrategias de mejoramiento *personal*", *Social Cognition 16 (1998): 267–286; I. J. Sanna, E. C. Chang y S. Meier, "Pensamiento contra factual y motivaciones personales"*, *Personality and Social Psychology Bulletin* 27 (2001): 1023-1034; K. White y D. R. Lehman, "Mirando el lado positivo: El pensamiento contrafactual en respuesta a lo negativo", Personal Social Psychology Bulletin 31 núm. 10 (2005): 1413-1424; y P. G. Audia, "Mejora de sí mismo y aprendizaje de la retroalimentación del desempeño", *Academy of Management Review* 37, núm. 2 (2012): 211-231.

29. X. Lin-Siegler et al., "Incluso Einstein tuvo problemas: Efectos de aprender sobre las luchas de los grandes científicos en la motivación de los estudiantes de secundaria para aprender ciencias", *Journal of Educational Psychology* 108, núm. 3 (2016): 314–328.

30. Para un ejemplo organizativo, consulta el informe de fallas de Engineers Without Borders: http://legacy.ewb.ca/en/whoweare/accountable/failure.html.

31. E. Catmull, *Creativity, Inc.: Overcoming the Unseen Forces That Stand in the Way of True Inspiration* (Nueva York: Random House, 2014).

32. En stickK.com, los usuarios pueden crear "contratos de compromiso" que especifican un objetivo, una línea de tiempo y un costo (como una cantidad de dinero) para ayudar al usuario a lograr su objetivo.

33. E. Catmull, "Cómo Pixar fomenta la creatividad colectiva", *Harvard Business Review* 86, núm. 9 (2008): 64–72.

34. R. M. Bohmer, "Cómo mejorar la atención médica en las líneas del frente", *Harvard Business Review* 88, núm. 4 (2010): 62–69.

35. A menudo, esta cita se atribuye de manera incorrecta a Abraham Lincoln o a Winston Churchill (http: // quoteinvestigator.com / 2014/06/28 / success /).

Capítulo 3

1. Esta sección se basa en R. M. J. Bohmer, R. S. Huckman, J. Weber y K. J. Bozic, "Administración de ortopedia en Rittenhouse Medical Center", Caso 9-607-152 (Boston: *Harvard Business School Publishing*, 2007).

2. R. Booth, "Minimizando el tiempo de operación: ¿La velocidad mata?" Orthopedics 24 (2001): 853-854.

3. Aria —sitio web de Jefferson Health 3B Orthopedics, consultado el 7 de noviembre de 2017, https://www.aria3bortho.org/Physicians.

4. Como parte del Programa Internacional de Vehículos Motorizados de MIT, los investigadores diferenciaron entre los procesos de desperdicio de las firmas automotrices estadounidenses y europeas y los enfoques "magros" de los japoneses. J. P. Womack, D. T. Jones y D. Roos, *The Machine That Changed the World* (Nueva York: Rawson Associates, 1990).

5. S. J. Spear, "Cómo reparar la salud desde el interior, hoy", *Harvard Business Review* 83, núm. 9 (2005): 78-91; R. M. Bohmer, "Cómo arreglar la atención médica en las líneas del frente", *Harvard Business Review* 88, núm. 4 (2010): 62–69; B. R. Staats, D. J. Brunner y D. M. Upton, "El Principio Lean, aprendizaje y conocimiento del trabajo: Evidencia de un proveedor de servicios de software", *Journal of Operations Management* 29, núm. 5 (2011): 376-390; y B. R. Staats y D. M. Upton, "Lean Knowledge Work", *Harvard Business Review* 89, núm. 10 (2011): 100–110.

6. J. Clear, "Este entrenador mejoró cada pequeña cosa en un 1% y aquí está lo que sucedió", *James Clear* (blog), http://jamesclear.com/marginal-gain? __ vid = c3eef000547a0132ca9c22000b2a88d7.

7. B. O'Keefe, "Lecciones de liderazgo del entrenador de fútbol de Alabama Nick Saban", *Fortune*, 7 de septiembre de 2012.

8. Dependiendo de la configuración exacta, un jugador todavía perderá, en promedio, frente a la casa. Según un cálculo, perderá el 49,1% de las veces, ganará el 42,4% de las veces y parará el 8,5% del tiempo (lo que ocurre cuando el crupier y el jugador tienen el mismo número, por lo que no se intercambia dinero). Con un modelo de blackjack, es posible buscar oportunidades para cambiar la ventaja de la casa al jugador. Por ejemplo, si el jugador puede contar cartas y detallar que se han jugado más cartas con puntajes bajos que caras, entonces la ventaja cambia al jugador y él debería apostar más dinero. Una descripción de esta estrategia, basada libremente en la realidad, se puede leer en B. Mezrich, *Bringing Down the House: The Inside Story of Six MIT Students Who Took Vegas for Millions* (Nueva York: Free Press, 2002).

9. R. E. Bohn, "Ruido y aprendizaje en la fabricación de semiconductores", *Management Science* 41, núm. 1 (1995): 31–42.

10. M. Lewis, Moneyball: *The Art of Winning an Unfair Game* (Nueva York: W. W. Norton, 2003).

11. M. Popova, "Cómo Steinbeck usó un diario como herramienta de disciplina, una cobertura contra sus propias duda y un marcapasos para el corazón en el trabajo creativo", Brain Pickings, https: //www. brainpickings. org / 2015/03/02 / john-steinbeck-working-days /.

12. Consulte https://twitter.com/bcmassey/ status/777604654699995136.

13. L. Lefgren, B. Platt y J. Price, "Guiándose por lo que (apenas) funcionó: Una prueba de sesgo de resultados", *Management Science* 61, núm. 5 (2015): 1121–1136.

14. Sin embargo, ten en cuenta que las puntuaciones cercanas durante un juego tienden a proporcionar beneficios motivacionales adicionales. Por ejemplo, J. Berger y D. Pope concluyeron que es más probable que un equipo de baloncesto que está perdiendo en el medio tiempo vuelva y gane el juego que un equipo que esté ganando en el medio tiempo. (J. Berger y D. Pope, "¿Perder nos motiva a ganar?" *Management Science* 57, núm. 5 [2011]: 817–827).

15. Para captar los factores que están fuera del control de un equipo, los autores observan el porcentaje de tiros libres de los oponentes. Una vez que uno ha controlado el número de intentos de tiros libres, el hecho de que un oponente haya realizado o fallado el tiro libre no tiene nada que ver con el equipo del entrenador. Sin embargo, incluso aquí, era más probable que los entrenadores cambiaran de estrategia después de una pérdida estrecha que después de una victoria limitada.

16. R. K. Ratner y K. C. Herbst, "Cuando las buenas decisiones tienen malos resultados: El impacto de los efectos en el cambio de comportamiento", *Organizational Behavior and Human Decision Processes* 96, núm. 1 (2005): 23–37.

17. Otros estudios de laboratorio muestran el mismo patrón en diferentes contextos, como cuando se evalúan las opciones de orientación de un vendedor (GW Marshall y JC Mowen, "Una investigación experimental del sesgo de resultados en las evaluaciones de desempeño de los vendedores", *Journal of Personal Selling and Sales Management* 13, núm. 3 [1993]: 31–47) o la decisión que toma un soldado de seguir órdenes (R. Lipshitz, "'Ya sea una medalla o corporal': Los efectos del éxito y el fracaso en la evaluación de la toma de decisiones y en los tomadores de decisiones", *Organizational Behavior and Human Decision Processes* 44, núm. 3 [1989]: 380-395).

18. J. S. Lerner y P. E. Tetlock, "Contabilización de los efectos de la rendición de cuentas", *Psychological Bulletin* 125, núm. 2 (1999): 255-275.

19. E. S. Elliott y C. S. Dweck, "Objetivos: Un enfoque hacia la motivación y el logro", *Journal of Personality and Social Psychology* 54, núm. 1 (1988): 5–12.

20. S. C. Payne, S. S. Youngcourt y J. M. Beaubien, "Un examen meta-analítico de la red nomológica de orientación de objetivos", *Journal of Applied Psychology* 92, núm. 1 (2007): 128-150; C. S. Dweck, "Procesos motivacionales que afectan el aprendizaje", *American Psychologist* 41, núm. 10 (1986): 1040-1048; C. S. Dweck y E. L. Leggett, "Un enfoque socio-cognitivo de la motivación y la personalidad", *Psychological Review* 95, núm. 2 (1998): 256-273; E. S. Elliott y C. S. Dweck, "Objetivos: Un enfoque hacia la motivación y el logro", *Journal of Personality and Social Psychology* 54, núm. 1 (1988):

5-12; y C. Dweck, *Mindset: The New Psychology of Success* (Nueva York: Random House, 2006).

21. C. M. Mueller y C. S. Dweck, "El elogio a la inteligencia puede socavar la motivación y el rendimiento de los niños", *Journal of Personality and Social Psychology* 75, núm. 1 (1998): 33–52.

22. C. Dweck, "Talento: Cómo las empresas pueden beneficiarse de una mentalidad de crecimiento", *Harvard Business Review* 92, núm. 11 (2014): 28–29.

23. J. S. Moser et al., "Analiza tus errores: Evidencia de un mecanismo neural que vincula el crecimiento de la mentalidad con los ajustes adaptativos de pos terror", *Psychological Science* 22, núm. 12 (2011): 1484-1489.

24. Ten en cuenta que, de manera similar, J. A. Mangels et al. observa que la actividad cognitiva es más alta en aquellos individuos con una orientación de metas de aprendizaje. J. A. Mangels et al., "¿Por qué las creencias sobre la inteligencia influyen en el éxito del aprendizaje? Un modelo de neurociencia cognitiva social", *Social Cognitive and Affective Neuroscience* 1, núm. 2 (2006): 75–86.

25. Aunque no está relacionado con nuestro tema del aprendizaje, los investigadores también han explorado sobre la relación que existe entre la mentalidad y la confianza en sí mismo. Ehrlinger, Mitchum y Dweck hicieron que los participantes de uno de sus experimentos presentaran una evaluación, pero antes de darles sus puntuaciones, les pidieron que pronosticaran su rendimiento. Los participantes con mentalidad fija sobreestimaron su desempeño en más de un 25%, mientras que los participantes con una mentalidad más flexible se equivocaron en solo el 5%. La diferencia se debió, al menos en parte, al hecho de que los participantes con mentalidad fija habían dedicado su tiempo y atención a los problemas más fáciles. Por lo tanto, la visión subyacente de la inteligencia y el aprendizaje puede tener implicaciones de gran alcance. J. Ehrlinger, A. L. Mitchum y C. S. Dweck, "Comprensión del exceso de confianza: Teorías de la inteligencia, atención preferencial y autoevaluación distorsionada", *Journal of Experimental Social Psychology* 6(2016): 94-100; y H. G. Halvorson, "La mentalidad que lleva a las personas a ser demasiado y peligrosamente confiadas", *Harvard Business Review*, 19 de abril de 2016.

26. B. R. Staats, D. J. Brunner y D. M. Upton, "El Principio Lean, aprendizaje y conocimiento del trabajo: Evidencia de un proveedor de servicios de software", *Journal of Operations Management* 29, núm. 5 (2011): 376-390; y B. R. Staats y D. M. Upton, "Lean Knowledge Work", *Harvard Business Review* 89, núm. 10 (2011): 100–110.

27. Animo a todos los interesados en aprender a tomarse el tiempo para leer a Taylor. Durante el siglo pasado, su escritura se simplificó en tropos que a veces se ajustan a lo que dijo y otras veces, no. Su trabajo tiene fallas significativas —una, que tiene connotaciones de racismo e ignora las contribuciones de los trabajadores con demasiada frecuencia —, pero su profunda manera de pensar sobre cómo mejorar las operaciones artesanales de su época sigue siendo relevante hoy en día. F. W. Taylor, *The Principles of Scientific Management* (Nueva York: Harper & Brothers, 1911), 109.

28. A. Chen, "El sistema de métricas: Cómo Statcast de MLB está creando la nueva carrera de armas del béisbol", *Sports Illustrated*, 26 de abril de 2016.

29. M. Buckingham y A. Goodall, "Reinventando la gestión del rendimiento", *Harvard Business Review* 93, núm. 4 (2015): 40–50.
30. R. E. Silverman, "Revisiones de desempeño de GE Re-Engineers, prácticas de pago", *Wall Street Journal*, 8 de junio de 2016.
31. Payne, Youngcourt y Beaubien, "Un examen meta-analítico de la red de nomenclatura de orientación de objetivos.

32. P. A. Heslin, G. P. Latham y D. Vandewalle, "El efecto de la teoría implícita de la persona en las evaluaciones del desempeño", *Journal of Applied Psychology* 90, núm. 5 (2005): 842-856; y P. A. Heslin, G. P. Latham y D. Vandewalle, "¿Desea ayudar? Teorías de la persona implícita, los jefes y su posterior entrenamiento de los empleados", *Personnel Psychology* 59, núm. 4 (2006): 871-902.

Capítulo 4

1. G. Garrett, "Liderar es reconocer lo que no sabes", LinkedIn, 15 de septiembre de 2016, https://www.linkedin.com/ pulse / lead-Recognledge-what-you-dont-know -geoffrey-garrett.

2. R. Mehra, "El problema mundial de la salud pública: Muerte súbita cardíaca", *Journal of Electrocardiology* 40, núm. 6 (2007): S118 – S122.

3. Esta sección se basa en J. P. Ackerman et al., "La promesa y el peligro de la medicina de precisión", *Mayo Clinic Proceedings* 9, núm. 11 (2016): 1606–1616, y R. Winslow, "La muerte cardíaca del niño provocó el mal uso de la prueba genética, dice el estudio", *Wall Street Journal*, 21 de octubre de 2016.

4. H. Singh, A. N. D. Meyer y E. J. Thomas, "La frecuencia de los errores de diagnóstico en la atención ambulatoria: estimaciones de tres grandes estudios observacionales con poblaciones de adultos de EE. UU.", *BMJ Quality and Safety* 23, núm. 9 (2014): 727-731.

5. T. Pohlmann y N. M. Thomas, "Reaprendiendo el arte de hacer preguntas", *Harvard Business Review*, 27 de marzo de 2015.

6. *Discovery and Development of Penicillin* (Londres: Alexander Fleming Laboratory Museum, 1999).

7. American Chemistry Society, "Edwin Land and Polaroid Photography", http://www.acs.org/content/acs/en/education/ whatischemistry/ landmarks / land-instant-photography.html.

8. F. Gino y B. R. Staats, "Mary Caroline Tillman en Egon Zehnder: Analizando el talento en el siglo XXI", Caso 416-017 (Boston: Harvard Business School Publishing, 2015).

9. M. Goldsmith, *What Got You Here Won't Get You There: How Successful* People Become Even More Successful (Nueva York: Hyperion, 2007).

10. T. B. Kashdan, R. A. Sherman, J. Yarbro y D. C. Funder, "¿Cómo son vistas las personas curiosas y cómo se comportan en situaciones sociales? Desde las perspectivas del yo, amigos, padres y observadores no conocidos", *Journal of Personality* 81, núm. 2 (2013): 142-154. Para trabajos relacionados, vea G. Loewenstein, "La sicología de la curiosidad: Una revisión y reinterpretación", *Psychological Bulletin* 116, núm. 1 (1994): 75–98; y T. B. Kashdan, P. Rose y F. D. Fincham, "Curiosidad y exploración: Facilitando experiencias subjetivas positivas y oportunidades de crecimiento personal", *Journal of Personality Assessment* 82, núm. 3 (2004): 291–305.

11. K. Huang et al., "No duele preguntar: Las preguntas aumentan la simpatía", *Journal of Personality and Social Psychology* 113, núm. 3 (septiembre de 2017): 430–452.

12. T. B. Kashdan y M. F. Steger, "Curiosidad y caminos hacia el bienestar y el significado en la vida: Rasgos, estados y conductas cotidianas", *Motivation and Emotion* 31 (2007): 159–173; y T. B. Kashdan y J. Rottenberg, "La flexibilidad sicológica como un aspecto fundamental de la salud", *Clinical Psychology Review* 30 (2010): 865–878.

13. "DoD News Briefing: Secretary Rumsfeld and General Myers", Departamento de Defensa de los EE. UU., 12 de febrero de 2002, http://archive.defense.gov /Transcripts/Transcript.aspx?TranscriptID=2636.

14. O prueba este enlace: https://www.youtube.com/watch?v=v-JG698U2Mvo.

15. D. J. Simons y C. F. Chabris, "Los gorilas en nuestro medio: Ceguera sin atención sostenida durante eventos dinámicos", *Perception* 28, núm. 9 (1999): 1059-1074.

16. U. Neisser, *The Control of Information Pickup in Selective Looking. Perception and Its Development: A Tribute to Eleanor J. Gibson*, ed. A. D. Pick (Hillsdale, NJ: Lawrence Erlbaum Associates, 1979).

17. D. J. Simons, "Haciendo monerías con los gorilas en nuestro medio: La familiaridad de la ceguera no intencional no mejora la detección de eventos inesperados", *i-Perception* 1, núm. 1 (2010): 3–6.

18. A. Tversky y D. Kahneman, "Disponibilidad: Una heurística para juzgar frecuencia y probabilidad", *Cognitive Psychology* 5, núm. 2 (1973): 207-232; y C. MacLeod y L. Campbell, "Juicios de probabilidad y accesibilidad de la memoria: Una evaluación experimental de la heurística de disponibilidad", *Journal of Personality and Social Psychology* 63, núm. 6 (1992): 890-902.

19. E. Bakshy, S. Messing y L. A. Adamic, "Exposición a noticias y opiniones ideológicamente diversas en Facebook", *Science* 348, núm. 6239 (2015): 1130-1132.

20. La razón final por la cual esto ocurre es que Facebook usa algoritmos para enviarles artículos a los usuarios. A pesar de las afirmaciones iniciales de Facebook aseverando lo contrario, dichos algoritmos también ayudan a producir el efecto de cámara de eco (Z. Tufekci, "Facebook dijo que sus algoritmos ayudan a formar cámaras de eco, y Tech Press no se dio por enterado", *New Perspectives Quarterly* 32, núm. 3 2015]: 9–12 y K. Hosanagar, "Culpa a la cámara de eco en Facebook, pero también a ti mismo", *Wired*, 25 de noviembre de 2016). Ver el trabajo más amplio de Zeynep Tufekci sobre una interesante discusión de cómo los algoritmos dan forma a cómo vemos el mundo más ampliamente: https://sils.unc.edu/people/faculty/zeynep-tufekci.

21. B. Bishop, *The Big Sort*: *Why the Clustering of Like-Minded America Is Tearing Us Apart* (Boston: Houghton Mifflin Harcourt, 2009).

22. T. B. Lee, "El problema de las noticias falsas en Facebook", *Vox*, 16 de noviembre de 2016.

23. P. Green, F. Gino y B. R. Staats, "Buscando confirmación: Cómo la retroalimentación amenazadora lleva a las personas a reformar sus redes sociales", documento de trabajo 18-028, Harvard Business School, Boston, 2016.

24. M. Snyder y J. A. Haugen, "¿Por qué ocurre la confirmación de comportamiento? Una perspectiva funcional sobre el papel del perceptor", *Journal of Experimental Social Psychology* 30, núm. 3 (1994): 218–246; y M. Snyder y J. A. Haugen, "¿Por qué ocurre la confirmación de comportamiento? Una perspectiva funcional sobre el papel del objetivo", *Personality and Social Psychology Bulletin* 21, núm. 9 (1995): 963–974.

25. M. H. Bazerman y D. Chugh, "Decisiones sin anteojeras", *Harvard Business Review* 84, núm. 1 (2006): 88.

26. H. D. Thoreau, *Walden* (Boston: Houghton Mifflin, 1906).

27. Ver http://bobsutton.typepad.com/my_weblog/2006/07/strong_ opinions.html.

28. D. Lovallo y D. Kahneman, "Delirios de éxito", *Harvard Business Review* 81, núm. 7 (2003): 56–63.

29. Otra forma común de demostrar esto en las clases de la escuela de negocios es el ejercicio 2-4-6 (Bazerman y Chugh, "Decisiones sin cegadores"). En este ejercicio, les muestro a los estudiantes los números 2, 4 y 6 y les pido que identifiquen las relaciones entre los tres. Luego, ellos me muestran tres números y yo les diré si sus números coinciden con la regla. Cuando están listos, logran identificar en qué consiste la regla. Por lo general, los estudiantes identificarán un patrón de números pares creciente (por ejemplo, 6-8-10) o de aumentos en dos (por ejemplo, 1-3-5). Buscan confirmar su perspectiva inicial. Como antes, el enfoque adecuado sería rechazar alternativas para revelar la verdadera regla: tres números cada vez mayores.

30. L. Ross, D. Greene y P. House, "El "efecto de consenso falso': Un sesgo egocéntrico en la percepción social y los procesos de atribución", *Journal of Experimental Social Psychology* 13, núm. 3 (1977): 279-301.

31. Esto es difícil de hacer. La mejor solución que encontré es prescindir del tentador dispositivo o, al menos, mantenerlo en el bolsillo.

Capítulo 5

1. A. Fifield, "¿Los japoneses realmente se matan a sí mismos? En algunos casos, sí", *Washington Post*, 31 de julio de 2016.

2. Ibid.

3. Ibid.

4. K. Spitzer, "Los japoneses están trabajando hasta la muerte — literalmente", *USA Today*, 17 de octubre de 2016.

5. Fifield, "¿Los japoneses realmente se matan a sí mismos?".

6. D. M. Upton y B. R. Staats, "Simplifícalo radicalmente", *Harvard Business Review* 86, núm. 3 (2008): 118-124.

7. "A Culture of Think", IBM, consultado el 7 de noviembre de 2017, de http://www-03.ibm.com/ibm/history/ibm100/us/en/icons/ think_ culture /.

8. Estos sistemas a menudo se denominan Sistema 1 y Sistema 2, nombres tal vez poco creativos, pero fáciles de distinguir. D. Kahneman, *Thinking, Fast and Slow* (Nueva York: Farrar, Straus & Giroux, 2011); y J. Evans y K. Stanovich, "Teoría de proceso dual de cognición superior: avanzando en el debate", *Perspectives on Psychological Science* 8, núm. 3 (2013): 223–241.

9. C. Argyris, "Double Loop Learning in Organizations", *Harvard Business Review* 55, núm. 5 (1977): 115-124; C. Argyris y D. A. Schön, Aprendizaje organizacional (Reading, MA: Addison-Wesley, 1978); y C. Argyris, *On Organizational Learning* (Oxford: Blackwell Business, 1999).

10. L. Nyberg et al., "Aprender haciendo versus aprender pensando: Un estudio de la RMF de entrenamiento motor y mental", *Neuropsychology* 44, núm. 5 (2006): 711–717; C.-J. Olsson, B. Jonsson y L. Nyberg, "Aprender haciendo versus aprender pensando: Un estudio de la RMF de entrenamiento motor y mental", *Frontiers in Human Neuroscience* 2 (2008): 5; M. H. Immordino-Yang, J. A. Christodoulou y V. Singh, "El descanso no es ociosidad: Implicaciones en el cerebro humano del modo predeterminado del desarrollo y la educación", *Perspectives on Psychological Science* 7, núm. 4 (2012): 352–364; y A. Saimpont et al., "La comparación entre imágenes motoras y el ensayo verbal sobre el aprendizaje de movimientos secuenciales", *Frontiers in Human Neuroscience* 7 (2013): 1–9.

11. A. Bandura, *Self-Efficacy in Changing Societies* (Cambridge: Cambridge University Press, 1995), 2.

12. R. White, "Motivación reconsiderada: El concepto de competencia", *Psychological Review* 66 (1959): 297–333; y R. M. Ryan y E. L. Deci, "Teoría de la autodeterminación y la facilitación de la motivación intrínseca, el desarrollo social y el bienestar", *American Psychologist* 55 (2000): 68–78.

13. A. Bandura, *Social Foundations of Thought and Action: A Social Cognitive Theory* (Englewood Cliffs, NJ: Prentice-Hall, 1986); S. Taylor, "Efectos asimétricos de eventos positivos y negativos: La hipótesis de movilización / minimización", *Psychological Bulletin* 110 (1991): 67–85.

14. G. Di Stefano et al., "Bajo una lupa: Entendiendo las microfundaciones del aprendizaje organizacional", Documento de trabajo, Harvard Business School, Boston, 2016.

15. M. Bar-Eli et al., "Sesgo de acción entre los porteros de fútbol de élite: El caso de los penaltis", *Journal of Economic Psychology* 28, núm. 5 (2007): 606–621.

16. K. D. Elsbach, D.M. Cable, y J. W. Sherman, "Cómo afecta el tiempo pasivo del "rostro" a las percepciones de los empleados: Evidencia de inferencia de rasgos espontáneos", *Human Relations* 63, núm. 6 (2010): 735-760; y K. Elsbach y D. Cable, "Por qué es importante mostrar tu rostro en el trabajo", *MIT Sloan Management Review* 53, núm. 4 (2012): 10–12.

17. Curiosamente, estos resultados no se sostuvieron en estudios similares. Es con los participantes italianos, en los cuales el ocio fue visto como un signo de estatus. S. Bellezza, A. Keinan y N. Paharia, "Consumo conspicuo del tiempo: Cuando el tiempo ocupado y la falta de tiempo de ocio se convierten en un símbolo de estatus", *NA-Advances in Consumer Research* 42 (2014); y S. Bellezza, A. Keinan y N. Paharia, "Investigación: Por qué los estadounidenses están tan impresionados ante el hecho de mantenerse ocupados", *Harvard Business Review*, 15 de diciembre de 2016.

18. E. Reid, Por qué algunos hombres pretenden trabajar semanas de 80 horas", *Harvard Business Review*, 28 de abril de 2015.

19. Bar-Eli, "Acción sesgada entre los porteros de fútbol de élite".

20. T. Amabile y S. Kramer, *The Progress Principle: Using Small Wins to Ignite Joy, Engagement, and Creativity at Work* (Boston: Harvard Business Review Press, 2011).

21. T. M. Amabile et al., "Comportamientos del líder y el ambiente de trabajo y su influencia en la creatividad: Apoyo percibido del líder", *Leadership Quarterly* 15, núm. 1 (2004): 5–32; y T. M. Amabile et al., "Afecto y creatividad en el trabajo", *Administrative Science Quarterly* 50, núm. 3 (2005): 367-403.

22. M. Amar et al., "Ganar la batalla pero perder la guerra: La sicología de la gestión de la deuda", *Journal of Marketing Research* 48 (2011): S38 – S50.

23. D. KC y C. Terwiesch, "Impacto de la carga de trabajo en el tiempo de servicio y la seguridad del paciente: Un análisis econométrico de las operaciones en hospitales", *Management Science* 55, núm. 9 (2009): 1486–1498. Véase también K. L. Schultz,
D. C. Juran y J. W. Boudreau, "Los efectos del bajo inventario en el desarrollo de normas de productividad", *Management Science* 45, núm. 12 (1999): 1664-1678.

24. B. R. Staats y F. Gino, "Especialización y variedad en tareas repetitivas: Evidencia de un banco japonés", Management Science 58, núm. 6 (2012): 1141-1159; y L. Kuntz, R. Mennicken y S. Scholtes, "Estrés en la sala: Evidencia de puntos de inflexión de seguridad en hospitales", *Management Science* 61, núm. 4 (2014): 754–771.

25. H. Dai et al., "El impacto del tiempo en el trabajo y el tiempo libre en el trabajo sobre el cumplimiento de las normas: El caso de la higiene de las manos en la atención médica", *Journal of Applied Psychology* 100, núm. 3 (2015): 846; y B. R. Staats, H. Dai y K. L. Milkman, "Cumplimiento a través de monitoreo electrónico individual: Un examen empírico de la higiene de las manos en el cuidado de la salud", *Management Science* 63, núm. 5 (2016): 1563-1585.

26. M. S. Christian y A. P. J. Ellis, "Examinando los efectos de la privación del sueño en la desviación en el lugar de trabajo: Una autorregulación perspectiva", *Academy of Management Journal* 54, núm. 5 (2011): 913–934; y SG Carmichael, "La investigación es clara: Largas horas de trabajo es contraproducente para las personas y las empresas", *Harvard Business Review*, 19 de agosto de 2015, https://hbr.org/2015/08/the-research-is-clear-long -hours- backfire-para-personas-y-para-empresas.
27. A. L. Tucker, A. C. Edmondson y S. Spear, "Cuando la resolución de problemas impide el aprendizaje organizacional", *Journal of Organizational Change Management* 15, núm. 2 (2002): 122; A. L. Tucker, "El impacto de las fallas operativas en las enfermeras de hospitales y sus pacientes", *Journal of Operations Management* 22, núm. 2 (2004): 151; y A. L. Tucker, "El impacto de la dificultad de la solución en la respuesta de los empleados de primera línea a las fallas

operativas: Un experimento de laboratorio en la administración de medicamentos", *Management Science* 62, núm. 4 (2015).

28. P. Pendem et al., "La microestructura del trabajo: Cómo los descansos inesperados te permiten relajarte, pero sin perder el enfoque", documento de trabajo 17-058, Harvard Business School, Boston, 2016.

29. T. Belden y M. Belden, *The Lengthening Shadow*: *The Life of Thomas J. Watson* (Nueva York: Little, Brown and Company, 1962), 157–158.

30. M. C. Schippers, A. C. Homan y D. Knippenberg, "Reflexionar o no reflexionar: El desempeño previo del equipo como condición límite de los efectos de la reflexividad en el aprendizaje y el desempeño final del equipo", *Journal of Organizational Behavior* 34, núm. 1 (2013): 6-23; y M. C. Schippers, A. C. Edmondson y M. A. West, "Reflexividad del equipo como antídoto para las fallas en el procesamiento de la información del equipo", *Small Group Research* 45, núm. 6 (2014): 731-769.

31. D. Burkus, "Los beneficios creativos del aburrimiento", *Harvard Business Review,* 9 de septiembre de 2014; y K. Gasper y B. L. Middlewood, "Aproximaciones a nuevos pensamientos: Entendiendo por qué la euforia y el aburrimiento promueven el pensamiento asociativo más que la angustia y la relajación", *Journal of Experimental Social Psychology* 52 (2014): 50–57; y S. Mann y R. Cadman, "¿Estar aburrido nos hace más creativos?" *Creativity Research Journal* 26, núm. 2 (2014): 165-173.

32. G. Klein, "Realizando un proyecto *premortem*", *Harvard Business Review* 85, núm. 9 (2007): 18–19.

33. J. E. Morrison y L. L. Meliza, "Fundamentos del proceso de revisión posterior a la acción", documento DTIC, 1999; K. Walshe, "Entendiendo y aprendiendo de la falla organizacional", *Quality and Safety in Health Care* 12, núm. 2 (2003): 81-82; S. Ellis y I. Davidi, "Revisiones posteriores al evento: Lecciones extraídas de experiencias exitosas y fallidas", *Journal of Applied Psychology* 90, núm. 5 (2005): 857; E. W. Rogers y J. Milam, "Pausas para el aprendizaje: Aplicando el proceso de revisión posterior a la acción en el Centro de Vuelo

Espacial Goddard de la NASA", IEEE, Conferencia Aeroespacial IEEE 2005; E. Catmull, *Creativity, Inc.: Overcoming the Unseen Forces That Stand in the Way of True Inspiration* (Nueva York: Random House, 2014); y D. A. Katz et al., "Uso de los juegos para mejorar la seguridad de la colocación del catéter venoso central: Un análisis *postmortem*", *International Journal of Gaming and Computer-Mediated Simulation* 6, núm. 4 (2014): 34–44.

34. Para nombrar solo algunos: P. Lavie, J. Zomer y D. Gopher, "Los ritmos ultradianos en el rendimiento humano prolongado", nota de investigación ARI 95-30, 1995; A. Ariga y A. Lleras, "Breves y raros descansos mentales que te mantienen enfocado: La desactivación y reactivación de los objetivos de la tarea se anticipan a los decrementos de vigilancia", *Cognition* 118, núm. 3 (2011): 439–443; F. Cirillo, *The Pomodoro Technique* (Nueva York: Simon & Schuster, 2014); y D. Thompson, "Una fórmula para la productividad perfecta: Trabajo de 52 minutos, pausa para 17", *The Atlantic*, 17 de septiembre de 2014.

35. Cirillo, *The Pomodoro Technique*.

36. J. P. Trougakos et al., "Haciendo que la pausa sea importante: Un examen episódico de actividades de recuperación, experiencias emocionales y muestras afectivas positivas", *Academy of Management Journal* 51, núm. 1 (2008): 131-146; R. M. Ryan y otros, "Efectos vitalizadores de estar al aire libre y en la naturaleza", *Journal of Environmental Psychology* 30, núm. 2 (2010): 159-168; L. Tyrväinen et al., "La influencia de los entornos verdes urbanos en las medidas de alivio del estrés: Un experimento de campo", *Journal of Environmental Psychology* 38 (2014): 1–9; G. N. Bratman et al., "Beneficios de la experiencia de la naturaleza: Afectos y cognición mejorados", *Landscape and Urban Planning* 138 (2015): 41–50; S. Kim, Y. Park, y Q. Niu, "*Actividades de micro descanso en el trabajo para recuperarse de las demandas diarias de trabajo*", *Journal of Organizational Behavior* 38, núm. 1 (2017); y H. Rhee y S. Kim, "Efectos de los descansos en la recuperación de la vitalidad en el trabajo: Una comparación empírica de los recesos mediante teléfonos 'convencionales' e 'inteligentes'", *Computers in Human Behavior* 57 (2016): 160–167.

37. L. F. ten Brinke et al., "El ejercicio aeróbico aumenta el volumen del hipocampo en mujeres mayores con probable discapacidad cognitiva leve: Un ensayo controlado aleatorio de 6 meses", *British Journal of Sports Medicine* 49, núm. 4 (2014).

38. H. Dai et al., "El impacto del tiempo en el trabajo y el tiempo libre en el trabajo sobre el cumplimiento de las normas: El caso de la higiene de las manos en la atención médica", *Journal of Applied Psychology* 100, núm. 3 (2015): 846.

39. A. Huffington, *Thrive: The Third Metric to Redefining Success and Creating a Happier Life* (Nueva York: Random House, 2014); y C. M. Barnes y G. Spreitzer, "Por qué el sueño es un recurso estratégico", *MIT Sloan Management Review* 56, núm. 2 (2015): 19.

40. D. Thompson, "¿Por qué las vacaciones de verano (e internet) te hacen más productivo?", *The Atlantic*, 29 de agosto de 2011.

41. El fallecido y genial Richard Hackman habló con respecto a los líderes de equipo que establecen las condiciones para el éxito de sus equipos. Este es un ligero cambio de ese mensaje para pensar en el tiempo. J. R. Hackman, Liderar equipos: Preparando el escenario para grandes actuaciones (Boston: Harvard Business School Press, 2002).

42. N. Bloom et al., "¿Trabajar desde casa funciona? Evidencia de un experimento chino", *Quarterly Journal of Economics* 130, núm. 1 (2015): 165-218.

Capítulo 6

1. B. Potter, *El cuento de Peter Rabbit* (Londres: Frederick Warne & Co., 1902; Project Gutenberg, 2005).

2. F. Gino y B. R. Staats, "Samasource: Ofrece trabajo, no ayuda", Caso 912-011 (Boston: Harvard Business School Publishing, 2011).

3. Ibid.

4. Ver www.lxmi.com. Para más información sobre la historia de Leila, ve a L. Janah, *Give Work: Reversing Poverty, Job in a Time* (Nueva York: Penguin Random House, 2017).

5. F. W. Taylor, *The Principles of Scientific Management* (Nueva York: Harper & Brothers, 1911); F. Herzberg, "Una vez más: ¿Cómo motivas a tus empleados?" *Harvard Business Review* 46, núm. 1 (1968): 53-62; J. R. Hackman y G. R. Oldham, "Motivación a través del

diseño del trabajo: Prueba de una teoría", *Organizational Behavior and Human Performance* 16, núm. 2 (1976): 250-279; J. R. Hackman y G. R. Oldham, Rediseño del trabajo (Reading, MA: Addison-Wesley, 1980); J. Cameron y W. D. Pierce, "Refuerzo, recompensa y motivación intrínseca: Un metanálisis", *Review of Educational Research* 64, núm. 3 (1994): 363-423; E. L. Deci y R. M. Ryan, "Una revisión metaanalítica de experimentos que examinan los efectos de las recompensas extrínsecas en la motivación intrínseca", *Psychological Bulletin* 125, núm. 6 (1999): 627–668; R. M. Ryan y E. L. Deci, "Teoría de la autodeterminación y la facilitación de la motivación intrínseca, el desarrollo social y el bienestar", *American Psychologist* 55 (2000): 68–78; y M. Gagné y E. L. Deci, "Teoría de la autodeterminación y motivación del trabajo", *Journal of Organizational Behavior* 26, núm. 4 (2005): 331–362.

6. Herzberg, "Una vez más".

7. Ibid., 88.

8. M. H. Kernis, "Hacia una conceptualización de la autoestima óptima", *Pshychology Inquiry* 14 (2003): 1–26; C. Guignon, *On Being Authentic* (Nueva York: Routledge, 2004); M. E. P. Seligman et al., "Progreso de la sicología positiva: Validación empírica de las intervenciones", *American Psychologist* 60 (2005): 410–421; D. M. Cable, F. Gino y B. R. Staats, "¿Rompiéndolos o revelando lo mejor de ellos? Reestructuración de la socialización en torno a la autoexpresión de los recién llegados", *Administrative Science Quarterly* 58, núm. 1 (2013): 1–36.

9. B. L. Fredrickson, "¿De qué sirven las emociones positivas?", *Review of General Psychology* 2, núm. 3 (1998): 300; B. L. Fredrickson, "El papel de las emociones positivas en la sicología positiva: La teoría de la expansión de las emociones positivas", *American Pshychologist* 56, núm. 3 (2001): 218; y B. Fredrickson, *Positivity* (Nueva York: Harmony Books, 2009).

10. H. A. Wadlinger y D. M. Isaacowitz, "El estado de ánimo positivo amplía la atención visual a los estímulos positivos", *Motivation and Emotion* 30, núm. 1 (2006): 87-99; G. Rowe, J. B. Hirsh y A. K. Anderson, "El efecto positivo aumenta la amplitud de la selección

de atención", *Proceedings of the National Academy of Sciences* 104, núm. 1 (2007): 383–388; T. W. Schmitz, E. De Rosa y A. K. Anderson, "Influencias opuestas de la valencia del estado afectivo en la codificación cortical visual", *Journal of Neuroscience* 29, núm. 22 (2009): 7199–7207; y B. L. Fredrickson, "Actualización del pensamiento sobre los ratios de positividad", *American Psychology* 68, núm. 9 (2013): 814–822.

11. B. L. Fredrickson et al., "Corazones abiertos construyen vidas: Emociones positivas, inducidas a través de la meditación de bondad amorosa, construyen recursos personales consecuentes", *Journal of Personality and Social Psychology* 95, núm. 5 (2008): 1045; L. Sekerka, T. Vacharkulksemsuk y B. Fredrickson, "Emociones positivas: Ampliando y construyendo espirales ascendentes de desarrollo sostenible", *The Oxford Handbook of Positive Organizational Scholarship*; eds. G. M. Spreitzer y K. S. Cameron (Oxford: Oxford University Press, 2012), 168–177; B. E. Kok et al., "Cómo las emociones positivas mejoran la salud física: Las conexiones sociales positivas percibidas explican la espiral ascendente entre las emociones positivas y el tono vagal", *Psychological Science* 24, núm. 7 (2013): 1123-1132.

12. Tú puedes llenar la encuesta creada por el Dr. Clance para evaluar dónde te encuentras con respecto al Síndrome del Impostor yendo a http://paulineroseclance.com/ pdf / IPTestandscoring.pdf. P. R. Clance y S. A. Imes, "El Fenómeno del Impostor en mujeres de alto rendimiento: Dinámicas e intervenciones terapéuticas", *Psychotherapy: Theory Research and Practice* 15 (1978): 241–247; y P. R. Clance, *The Impostor Phenomenon: When Success Makes You Feel Like a Fake* (Nueva York: Bantam Books, 1985).

13. C. Richards, "Aprendiendo a lidiar con el Síndrome del Impostor", *The New York Times*, 26 de octubre de 2015.

14. R. Jones, "Lo que temen los presidentes ejecutivos", *Harvard Business Review*, 24 de febrero de 2015.

15. S. E. Asch, "Efectos de la presión de grupo sobre la modificación y distorsión de juicios", *Groups, Leadership, and Men* (primavera de 1951): 222–236; S. E. Asch, "Estudios de independencia y conformidad: Una minoría de uno contra una mayoría unánime", *Psychological Monographs: General and Applied* 70, núm. 9 (1956): 1; y R. B. Cialdini

y M. R. Trost, "Influencia social: Normas sociales, conformidad y cumplimiento", *The Handbook of Social Psychology*, eds. D. T. Gilbert et al. (Nueva York: Wiley, 1998).

16. A. A. Grandey, "Cuando 'El espectáculo debe continuar': Actuación superficial y actuación profunda como determinantes del agotamiento emocional y la prestación de servicios calificados por los compañeros", *Academy of Management Journal* 46, núm. 1 (2003): 86-96; M. E. P. Seligman et al., "Progreso de la sicología positiva: Validación empírica de las intervenciones", *American Psychologist* 60 (2005): 410–421; y S. Melamed et al., "Agotamiento y riesgo de enfermedad cardiovascular: Evidencia, posibles vías causales e indicaciones de investigación prometedoras", *Psychological Bulletin* 132, núm. 3 (2006): 327.

17. R. M. Yerkes y J. D. Dodson, "La relación de la fuerza del estímulo con la rapidez de la formación de hábitos", *Journal of Comparative Neurology and Psychology* 18, núm. 5 (1908): 459–482; y K. H. Teigen, "Yerkes-Dodson: Una ley para todas las estaciones", *Theory and Psychology* 4, núm. 4 (1994): 525-547.

18. B. M. Staw, L. E. Sandelands y J. E. Dutton, "Efectos de la rigidez de la amenaza en el comportamiento organizacional: Un análisis multinivel", *Administrative Science Quarterly* 26, núm. 4 (1981): 501-524; C. Gilbert, "Desagregando la estructura de la inercia: Recursos frente a la rigidez de rutina", *Academy of Management Journal* 48, núm. 5 (2005): 741-763; y C. Gilbert, "Cambio en la presencia de ajuste residual: ¿Pueden coexistir teorías que compiten?" *Organization Science* 17, núm. 1 (2006): 150-167.

19. También incluimos un tratamiento adicional que los individuos siguieron en equipos. El desempeño en el tratamiento de equipo no fue diferente, estadísticamente, del desempeño en el tratamiento organizacional.

20. *The Breakfast Club*, dirigido por J. Hughes (Universal City, CA: Universal Pictures, 1985).

21. M. B. Brewer y R. M. Kramer, "Comportamiento de elección en dilemas sociales: Efectos de la identidad social, tamaño del grupo y marco de decisión", *Journal of Personality and Social Psychology* 50, núm. 3 (1986): 543–549; M. B. Brewer y W. Gardner, "¿Quién es este

'nosotros'"? Niveles de identidad colectiva y autorrepresentaciones", *Journal of Personality and Social Psychology* 71, núm. 1 (1996): 83-93; y A. Goldberg et al., "¿Encajar o sobresalir? Las compensaciones de estructuras e integración cultural", *American Socological Review* 81, núm. 6 (2016): 1190–1222.

22. S. F. Bellezza, F. Gino y A. Keinan, "El efecto de las zapatillas rojas: Inferir el estado y la competencia de las señales de no conformidad", *Journal of Consumer Research* 41, núm. 1 (2014): 35–54.

23. T. B. Bitterly, A. W. Brooks, y M. E. Schweitzer, "Negocio arriesgado: Cuando el humor aumenta y desmejora tu estado", *Journal of Personality and Social Psychology* 112, núm. 3 (2017): 431-455.

24. E. W. Dunn, L. B. Aknin y M. I. Norton, "Gastar dinero en otros promueve la felicidad", *Science* 319, núm. 5870 (2008): 1687-1688.

25. B. Sutton, "Lo mejor que puedes ser es una imitación perfecta de aquellos que vinieron antes que tú", Mediano, 10 de diciembre de 2016, https: // medium.com/@bobsutton/the-best-you-can- be-is-a-perfect-imitation-of-the-who-come-before-you-e580b49c7ca0.

Capítulo 7

1. F. Herzberg, "Una vez más: ¿Cómo motivas a tus empleados?" *Harvard Business Review* 46, núm. 1 (1968): 53-62; y G. R. Oldham y J. R. Hackman, "No es lo que era, ni es lo que será: El futuro de la investigación de diseño de trabajo", *Journal of Organizational Behavior* 31, núm. 2 (2010): 463–479.

2. D. M. Lawson, *Posterity: Letters of Great Americans to Their Children* (Nueva York: Anchor Books, 2008).

3. T. S. Amabile y S. Kramer, *The Progress Principle: Using Small Wins to Ignite Joy, Engagement, and Creativity at Work* (Boston: Harvard Business Review Press, 2011).

4. B. Rigoni y B. Nelson, "¿Saben realmente los empleados lo que se espera de ellos?", Gallup, 27 de septiembre de 2016.

5. J. A. Lee et al., "La mejor autoactivación mejora las emociones, la fisiología y la resolución de problemas", documento de trabajo, Harvard Business School, Boston, 2017.

6. I. Larkin, "Pago de $30.000 dólares por una estrella de oro: Una investigación empírica sobre el valor del reconocimiento de pares a vendedores de software", documento de trabajo, Harvard Business School, Boston, 2012.

7. Rigoni, "¿Saben realmente los empleados qué se espera de ellos?"

8. Ibid.

9. Si quieres reír, pasa un rato en el sitio web de Tom: https: // marketoonist.com/. Tom es un gran ejemplo de alguien que usa sus fortalezas para aprender. Fue mi compañero de sección en HBS. Cuando estuvo allí, descubrió tanto su amor como un talento para dibujar caricaturas, https: // marketoonist.com/skydeckyear1. Él no persiguió esta pasión de inmediato, sino que siguió el camino de un comercializador. Sin embargo, continuó parodiando lo que estaba viendo hasta que se dio cuenta de que podía dar el salto y lanzarse a trabajar por su cuenta. Ahora, él nos mantiene entretenidos, contentos y económicamente satisfechos, y siempre está aprendiendo a través de su arte y estudio de los negocios.

10. T. Hill, *Manufacturing Strategy: Text and Cases* (Blue Ridge, Ill.: McGraw-Hill / Irwin, 1993).

11. C. *Student Descriptive Questionnaire* (Princeton, NJ: Servicio de Pruebas Educativas, 1976–1977).

12. N. Epley y D. Dunning, "¿Se siente más holístico de lo que parece? ¿Las evaluaciones de autoservicio son producidas por errores en la predicción personal o social?" *Journal of Personality and Social Psychology* 79, núm. 6 (2000): 861-875.

13. D. Dunning, C. Heath y J. M. Suls, "Implicaciones defectuosas de la autoevaluación en la salud, la educación y el lugar de trabajo", *Psychological Science in the Public Interest* 5, núm. 3 (2004): 69-106.

14. H. H. Meyer, "Autoevaluación del desempeño laboral", *Personnel Psychology* 33, núm. 2 (1980): 291-295.

15. J. A. Lee et al., "Sacar lo mejor de los empleados en las relaciones laborales reduce el agotamiento", documento de trabajo, Harvard Business School, Boston, 2016.

16. L. M. Roberts et al., "Cómo manejar sus fortalezas", *Harvard Business Review* 83, núm. 1 (2005).

17. Copropiedad de mi colega Dan Cable.

18. L. Lee, "¿Deben los empleados diseñar sus propios trabajos?", *Insights by Stanford Business*, 22 de enero de 2016.

19. Hill, *Manufacturing Strategy*.

20. Este es un buen momento para señalar que, aunque vi el ataque, no creo que haya hecho un trabajo particularmente bueno al comunicar eso. Sin embargo, tanto David Upton como Ananth Raman vieron algo que cada uno, a su manera, estaba dispuesto a apostar y luego desarrollar. Un agradecimiento aquí es insuficiente, pero muy apropiado.

21. Como se cita en N. Trautmann, "La dosis se convierte en veneno, ¿o no?", *Action Bioscience*, enero de 2005, www.actionbioscience.org/ environment / trautmann.html.
22. F. Street, "El valor del pensamiento gris", blog de Farnam Street, 2016, https://www.farnamstreetblog.com/about/.

23. B. R. Staats, D. KC, y F. Gino, "Mantener las creencias frente a las noticias negativas: El papel moderador de la experiencia", *Management Science* (de próxima publicación, 2017).

Capítulo 8

1. L. S. Vygotsky, *Mind in Society: The Development of Higher Psychological Processes* (Cambridge, MA: Harvard University Press, 1978).

2. Ibid.

3. Ibid.

4. A. Smith, *An Inquiry into the Nature and Causes of the Wealth of Nations* (Londres: W. Strahan y T. Cadell, 1776).

5. T. P. Wright, "Factores que afectan el costo de los aviones", *Journal of Aeronautical Science* 3 (1936): 122–128; E. D. Darr y D. Epple, "La adquisición, transferencia y depreciación del conocimiento

en las organizaciones de servicio: Productividad en franquicias", *Management Science* 41, núm. 11 (1995): 1750-1762; L. Argote, *Organizational Learning: Creating, Retaining, and Transferring Knowledge* (Boston: Kluwer Academic, 1999); G. P. Pisano et al., "Diferencias organizacionales en las tasas de aprendizaje: Evidencia de la adopción de cirugía cardíaca mínimamente invasiva", *Management Science* 47, núm. 6 (2001): 752-768; P. Ingram y T. Simons, "La transferencia de experiencia en grupos de organizaciones: Implicaciones para el rendimiento y la competencia", *Management Science* 48, núm. 12 (2002): 1517-1533; R. Reagans, L. Argote y D. Brooks, "Experiencia individual y experiencia trabajando juntos", *Management Science* 51, núm. 6 (2005): 869–881; y M. A. Lapré y N. Tsikriktsis, "Curvas de aprendizaje organizacional para la insatisfacción del cliente: Heterogeneidad en las aerolíneas", *Management Science* 52, no. 3 (2006): 352–366.

6. P. B. Kantor y W. I. Zangwill, "Fundamentos teóricos para un presupuesto de tasa de aprendizaje", *Management Science* 37, núm. 3 (1991): 315-330; y W. I. Zangwill y P. B. Kantor, "Hacia una teoría de la mejora continua y la curva de aprendizaje", *Management Science* 44, núm. 7 (1998): 910-920.

7. J. R. Clark, R. S. Huckman y B. R. Staats, "Especificidad y aprendizaje del cliente: Evidencia de servicios radiológicos subcontratados", *Organization Science* 24, núm. 5 (2013): 1539-1557.

8. En 2002, un sicólogo, Daniel Kahneman, recibió el Premio Nobel de Economía por su trabajo que demostró que, incluso las suposiciones de proporcionalidad, podrían ser erróneas.

9. A. Hargadon y R. I. Sutton, "Intermediación de tecnología e innovación en una empresa de desarrollo de productos", *Administrative Science Quarterly* 42, núm. 4 (1997): 716-749.
10. K. R. Lakhani y L. B. Jeppesen, "Obtención de sospechosos inusuales para resolver acertijos de investigación y desarrollo", *Harvard Business Review* 85, núm. 5 (2007): 30–32.

11. J. A. Schumpeter, *The Theory of Economic Development: An Inquiry into Profits, Capital, Credit, Interest, and the Business Cycle* (New Brunswick, NJ: Transaction Books, 1934).

12. R. Derfler-Rozin, C. Moore y B. R. Staats, "Reducción de la ruptura de reglas organizativas a través de la variedad de tareas", *Organization Science* 27, núm. 6 (2016): 1361–1379.

13. F. J. Roethlisberger y W. J. Dickson, *Management and the Worker* (Boston: Harvard University Press, 1934); y D. F. Roy, "'Tiempo de banano': Satisfacción laboral e interacción informal", *Human Organization* 18, núm. 4 (1959): 158-168.

14. B. M. Staw, "De rodillas en el Big Muddy: Un estudio sobre el compromiso creciente hacia un curso de acción elegido", *The Theory of Economic Development: An Inquiry into Profits, Capital, Credit, Interest, and the Business Cycle* 16, núm. 1 (1976): 27–44; y D. J. Sleesman et al., "Limpiando el Big Muddy: Una revisión metaanalítica de los determinantes de la escalada de compromiso", *Academy of Management Journal* 55, núm. 3 (2012): 541–562.

15. B. R. Staats, D. KC, y F. Gino, "Mantener las creencias frente a las noticias negativas: El papel moderador de la experiencia", *Management Science* (de 2017).

16. R. F. Scott y L. Huxley, *Scott's Last Expedition, Volume I: Being the Journals of Captain R. F. Scott, R. N., C. V. O* (Londres: Smith, Elder & Co., 1913), 369.

17. D. KC y B. R. Staats, "Acumulando una cartera de experiencia: El efecto de la experiencia focal y relacionada en el desempeño del cirujano", *Manufacturing and Service Operations Management* 14, núm. 4 (2012): 618–633.

18. R. D. Rogers y S. Monsell, "Costos de un cambio predecible entre tareas cognitivas simples", *Journal of Experimental Psychology* 124, núm. 2 (1995): 207-231; A. Allport y G. Wylie, "Cambio de tareas, enlaces de estímulo-respuesta y cebado negativo", *Manufacturing and Service Operations Management*, vol. XVIII, eds. S. Monsell y J. Driver (Cambridge, MA: MIT Press, 2000), 35–70; y S. Monsell, "Cambio de tareas", *Trends in Cognitive Sciences* 7, núm. 3 (2003): 134-140.

19. J. S. Rubinstein, D. E. Meyer y J. E. Evans, "Control ejecutivo de procesos cognitivos en el cambio de tareas", *Journal of Experimental Psychology: Human Perception and Performance* 27, núm. 4 (2001): 763.

20. Rogers, "Costos de un cambio predecible entre tareas cognitivas simples"; y Allport, "Cambio de tareas, enlaces de estímulo-respuesta y cebado negativo".

21. G. Wylie y A. Allport, "Cambio de tareas y la medición de los costos del cambio", *Psychological Research* 63, núm. 3-4 (2000): 212-233; y F. Waszak, B. Hommel y A. Allport, "Cambio de tareas y preparación a largo plazo: Papel de los enlaces de estímulo-tarea episódicos en los costos de cambio de tareas", *Cognitive Psychology* 46, núm. 4 (2003): 361-413.

22. Rogers, "Costos de un cambio predecible entre tareas cognitivas simples"; y S. Monsell, "Cambio de tareas", *Trends in Cognitive Sciences* 7, núm. 3 (2003): 134-140.

23. B. R. Staats y F. Gino, "Especialización y variedad en tareas repetitivas: Evidencia de un banco japonés", *Management Science* 58, núm. 6 (2012): 1141-1159.

24. Para aquellos interesados en asuntos importantes como la identificación empírica, la variedad fue asignada por un algoritmo en el sistema informático del banco. Este algoritmo buscaba darles a los trabajadores la misma tarea de repetición. Sin embargo, si se realiza una copia de seguridad de otra tarea, se cambiará dinámicamente.

25. Ver http://steamspy.com/.

26. Esta sección se basa en E. S. Bernstein, F. Gino y B. R. Staats, "Abriendo la válvula: del software al hardware (A)", Caso 9-415-015 (Boston: Harvard Business School Publishing, 2014).

27. Válvula, "Válvula: Manual para nuevos empleados", 2012: 39.

28. Ibid., 46.

29. R. W. Buell, R. S. Huckman y S. Travers, "Mejora del acceso en VA", Caso 9-617-012 (Boston: Harvard Business School, 2016): 6.

30. Ibid.

31. Ibid, 5.

32. Ibid.

33. Ibid., 8.

34. D. J. Brunner et al., "Wellsprings of Creation: Cómo la perturbación sostiene la exploración en organizaciones maduras", documento de trabajo 09-011, Harvard Business School, Boston, 2009.

35. M. A. Schilling et al., "Aprender haciendo otra cosa: Variación, relación y la curva de aprendizaje", *Management Science* 49, núm. 1 (2003): 39-56; J. R. Clark y R. S. Huckman, "Ampliando el enfoque: Los efectos secundarios y los beneficios de la especialización en la industria hospitalaria", *Management Science* 58, núm. 4 (2012): 708–722; y D. KC y B. R. Staats, "Acumulando una cartera de experiencia: El efecto de la experiencia focal y relacionada con el desempeño del cirujano", *Manufacturing and Service Operations Management* 14, núm. 4 (2012): 618–633.

36. P. J. Hinds, "La maldición de la pericia: Los efectos de la pericia y los métodos de desbarbado en la predicción del rendimiento de los principiantes", *Journal of Experimental Psychology: Applied* 5, núm. 2 (1999): 205-221.

37. T. Zhang, "Regreso al principio: Redescubrir la falta de experiencia ayuda a los expertos a dar consejos", Academy of Management Proceedings, Academy of Management, 2015.

Capítulo 9

1. R. S. Huckman, B. R. Staats y D. M. Upton, "Familiaridad con el equipo, experiencia con roles y desempeño: Evidencia de los servicios de software de India", *Management Science* 55, núm. 1 (2009): 85-100; R. S. Huckman y B. R. Staats, "Tareas de fluidos y equipos de fluidos: El impacto de la diversidad de experiencia y la familiaridad con el equipo en el rendimiento del equipo", *Manufacturing and Service Operations Management* 13, núm. 3 (2011): 310–328; y B. R. Staats, "Desempaquetando la familiaridad del equipo: El efecto de la ubicación geográfica y el rol jerárquico", *Production and Operations Management* 21, núm. 3 (2012): 619–635.

2. Y. Fried et al., "Diseño del trabajo en un contexto temporal: Una perspectiva de dinámica de carrera", *Journal of Organizational Behavior*

28 (2007): 911–927.

3. F. Herzberg, "Una vez más: ¿Cómo motivas a tus empleados?" *Harvard Business Review* 46, núm. 1 (1968): 53–62.

4. N. I. Eisenberger, M. D. Lieberman y K. D. Williams, "¿Duele el rechazo? Un estudio fMRI de exclusión social", *Science* 302, núm. 5643 (2003): 290-292; y W. R. Hobbs et al., "La integración social en línea está asociada con un riesgo de mortalidad reducido", *Proceedings of the National Academy of Sciences* 113, núm. 46 (2016): 12980-12984.
5. A. M. Grant y J. M. Berg, "Motivación prosocial en el trabajo: Cuándo, por qué y cómo hacer la diferencia marca la diferencia", *The Oxford Handbook of Positive Organizational Scholarship*, editores. G. M. Spreitzer y K. S. Cameron (Nueva York: Oxford University Press, 2012).

6. A. M. Grant et al., "El impacto y el arte de mantener la motivación: Los efectos del contacto con los beneficiarios sobre el comportamiento de persistencia", *Proceedings of the National Academy of Sciences* 103, núm. 1 (2007): 53–67.

7. El libro de McChrystal, *Team of Teams*, detalla este aprendizaje y otros de sus muchos años de experiencia en liderazgo. S. McChrystal et al. *Team of Teams: New Rules of Engagement for a Complex World* (Nueva York: Penguin, 2015).

8. L. H. Pelled, K. M. Eisenhardt y K. R. Xin, "Explorando la caja negra: Un análisis de la diversidad, el conflicto y el rendimiento de los grupos de trabajo", *Administrative Science Quarterly* 44, núm. 1 (1999): 1–28; D. A. Harrison y K. J. Klein, "¿Cuál es la diferencia? La diversidad se construye como separación, variedad o disparidad en las organizaciones", *Academy of Management Review* 32, núm. 4 (2009): 1199-1228; S. Narayanan et al., "Una cuestión de equilibrio: Especialización, variedad de tareas y aprendizaje individual en un entorno de mantenimiento de software", *Management Science* 55, núm. 11 (2009): 1861-1876; y M. E. Sosa, "¿De dónde vienen las interacciones creativas? El papel del contenido de las relaciones y las redes sociales", *Organization Science* 22, núm. 1 (2011): 1–21.

9. Narayanan, "Una cuestión de equilibrio".

10. Sosa, "¿De dónde vienen las interacciones creativas?"

11. A. Conti y C. Liu, "Trayendo nuevamente el laboratorio: Composición del personal y rendimiento científico en el Departamento de Biología del MIT", *Política de investigación* 44 (2015): 1633–1644; C. Liu y J. Chown, "Geografía y poder en un foro organizacional: Evidencia de la Cámara de Senadores de los EE. UU.", *Strategic Management Journal* 36, núm. 2 (2015): 177–196; y C. Liu y T. Stuart, *Boundaries Awry?* "Producción de conocimiento y redes sociales en un laboratorio corporativo de I + D", documento de trabajo, Universidad de Toronto, 2016.

12. M. F. Wiersema y K. A. Bantel, "Rotación del equipo directivo superior como mecanismo de adaptación: El papel del entorno", *Strategic Management Journal* 14, núm. 7 (1993): 485-504; y D. A. Harrison y K. J. Klein "¿Cuál es la diferencia? La diversidad se construye como separación, variedad o disparidad en las organizaciones", *Academy of Management Review* 32, núm. 4 (2007): 1199-1228.

13. C. Heath y N. Staudenmayer, "Negligencia de la coordinación: Cómo las teorías al interior de la organización complican la coordinación en las organizaciones", *Research in Organizational Behavior* 22 (2000): 153–191.

14. B. R. Staats, K. L. Milkman y C. Fox, "La falacia de escalamiento de equipos: Subestimando la eficiencia decreciente de equipos más grandes", *Organizational Behavior and Human Decision Processes* 118, núm. 2 (2012): 132-142.

15. F. Brooks, *The Mythical Man-Month: Essays on Software Engineering* (Nueva York: Addison-Wesley, 1975).

16. Ibid.

17. G. Stasser y W. Titus, "Agrupación de información no compartida en la toma de decisiones grupales: Un muestreo sesgado de información durante la discusión", *Journal of Personality and Social Psychology* 48, núm. 6 (1985): 1467-1478; G. Stasser y W. Titus, "Efectos de la carga de información y el porcentaje de información compartida sobre la diseminación de información no compartida

durante la discusión grupal", *Journal of Personality and Social Psychology* 53, núm. 1 (1987): 81-93; G. Stasser y L. A. Taylor, "Hablando por turnos en discusiones cara a cara", *Journal of Personality and Social Psychology* 60, núm. 5 (1991): 675-684; y G. Stasser, S. I. Vaughan y D. D. Stewart, "Agrupando información no compartida: Los beneficios de saber cómo se distribuye el acceso a la información entre los miembros del grupo", *Organizational Behavior and Human Decision Processes* 82, núm. 1 (2000): 102-116.

18. Pelled, "Explorando la caja negra"; P. J. Hinds et al., "Selección de miembros del grupo de trabajo: Equilibrio entre similitud, competencia y familiaridad", *Organizational Behavior and Human Decision Processes* 81, núm. 2 (2000): 226-251; P. J. Hinds y D. E. Bailey, "Fuera de vista, fuera de sincronización: Entendiendo el conflicto en equipos distribuidos", *Organizaction Science* 14, núm. 6 (2003): 615–632; Harrison, "¿Cuál es la diferencia"; y Huckman, "Tareas de fluidos y equipos de fluidos".

19. J. I. Krueger, "El retorno del ego —La información que se refiere a uno mismo como filtro para la predicción social: Comentario sobre Karniol (2003)," *Psychological Review* 110, núm. 3 (2003): 585–590.

20. L. Ross, "El sicólogo intuitivo y sus deficiencias", *Advances in Experimental Social Psychology*, ed. L. Berkowitz (San Diego, CA: Academic Press, 1977), 173–220. Amy Edmondson me presentó la idea del realismo ingenuo en nuestras discusiones sobre cómo enseñar colaboración en equipo. Ella ha escrito más sobre esto en su maravilloso libro sobre el tema. A. C. Edmondson, *Teaming: How Organizations Learn, Innovate, and Compete in the Knowledge Economy* (Nueva York: John Wiley & Sons, 2012).

21. N. Epley y J. Schroeder, "Buscando la soledad por error", *Journal of Experimental Psychology*: General 143, núm. 5 (2014): 1980.

22. K. Huang et al., "No duele preguntar: Las preguntas aumentan el gusto", *Journal of Personality and Social Psychology* 113, núm. 3 (2017).

23. Huckman, "Familiaridad con el equipo, experiencia en el rol y rendimiento"; Huckman, "Tareas de fluidos y fluidos Equipos"; H. K. Gardner, F. Gino y B. R. Staats, "Integración dinámica del conocimiento en equipos: Transformando los recursos en rendimiento" *Academy of*

Management Journal 55, núm. 4 (2012): 998-1022; y Staats, "Sacando a relucir la familiaridad del equipo".

24. Vale la pena señalar que Booth aún trabaja para establecer relaciones con todas las personas con las que interactúa. Por ejemplo, dice que cuando celebra una fiesta de Navidad, invita a todos los que participan en la práctica médica y no solo a las personas más veteranas o solo a los médicos, como suele suceder en otras circunstancias.

25. R. Huckman y B. R. Staats, "Los beneficios ocultos de mantener intactos a los equipos", *Harvard Business Review* 91, núm. 12 (2013): 27–29.

26. K. J. Arrow, "Notas clasificatorias sobre la producción y transmisión de conocimiento tecnológico", *American Economic Review* 59, núm. 2 (1969): 29-35; y K. Monteverde, "Diálogo técnico como incentivo para la integración vertical en la industria de semiconductores", *Management Science* 41, núm. 10 (1995): 1624-1638.

27. D. M. Wegner, "Memoria transactiva: Un análisis contemporáneo de la mente grupal", *Theories of Group Behavior*, eds. G. Mullen y G. Goethals (Nueva York: Springer-Verlag, 1987), 185-208.

28. J. R. Austin, "Memoria transactiva en grupos organizacionales: Efectos del contenido, el consenso, la especialización y la precisión en el desempeño del grupo", *Journal of Applied Psychology* 88, núm. 5 (2003): 866–878; D. P. Brandon y A. B. Hollingshead, "Sistemas de memoria transactiva en las organizaciones: Tareas, experiencia y personas", *Organization Science* 15, núm. 6 (2004): 633–644; K. Lewis, D. Lange y L. Gillis, "Sistemas de memoria transactiva, aprendizaje y transferencia del aprendizaje", *Organization Science* 16, núm. 6 (2005): 581-598; Y. Q. Ren, K. M. Carley y L. Argote, "Los efectos contingentes de la memoria transactiva: ¿Cuándo es más beneficioso saber lo que otros saben?", *Management Science* 52, núm. 5 (2006): 671–682; y F. Gino et al., "Primero, baja los pies: Efectos de aprender de la experiencia directa e indirecta sobre la creatividad del equipo", *Organizational Behavior and Human Decision Processes* 111, núm. 2 (2010): 102-115.

29. D. H. Gruenfeld et al., "Composición del grupo y toma de decisiones: Cómo la familiaridad de los miembros y la distribución de la información afectan el proceso y el desempeño", *Organizational*

Behavior and Human Decision Processes 67, núm. 1 (1996): 1–15; A. C. Edmondson, R. M. Bohmer y G. P. Pisano, "Rutinas interrumpidas: Aprendizaje en equipo y nuevas implementaciones de tecnología en hospitales", *Administrative Science Quarterly* 46, núm. 4 (2001): 685–716; B. McEvily, V. Perrone y A. Zaheer, "La confianza como un principio organizador", *Organization Science* 14, núm. 1 (2003): 91-103; y A. A. Kane, L. Argote y J. M. Levine, "Transferencia de conocimiento entre grupos mediante la rotación de personal: Efectos de la identidad social y la calidad del conocimiento", *Organizational Behavior and Human Decision Processes* 96, núm. 1 (2005): 56-71.

30. R. Katz, "Los efectos de la longevidad del grupo en la comunicación y el rendimiento del proyecto", *Administrative Science Quarterly* 27, núm. 1 (1982): 81-104.

31. R. Reagans, L. Argote y D. Brooks, "Experiencia individual y experiencia trabajando juntos", *Management Science* 51, núm. 6 (2005): 869–881; y Huckman, "Familiaridad con el equipo, experiencia en el rol y rendimiento".

32. D. A. Garvin y M. A. Roberto, "Lo que no sabes sobre cómo tomar decisiones", *Harvard Business Review* 79, núm. 8 (2001): 108-119.

33. L. A. Séneca, *Ad Lucilium Epistulae Morales: Libros LXVI – XCII*, vol. 75 (Boston: Harvard University Press, 1920).

34. J. Clark, V. Kuppuswamy, y B. R. Staats, "Relación con los objetivos y aprendizaje: Evidencia de hospitales", *Organization Science* (de 2017).

Agradecimientos

Este libro es el producto de muchos años de trabajo —posiblemente, de toda una vida—. Además, ha sido conformado gracias a la intervención de más personas que las que yo mismo alcanzo a enumerar. Si bien es cierto que aquí nombro a muchas, estoy casi seguro de que habrá algunas que se me quedaron sin mencionar, pero es culpa es mía, debido al hecho de que, a veces, tiendo a ser un profesor distraído. Lo que sí es cierto es que hay dos personas cuya intervención fue mayor, dada su enorme influencia en el trabajo que realicé hasta completar este libro; así que, para hacerlo de la manera apropiada, deseo comenzar con una para luego proseguir con la otra.

Cuando terminé mi Maestría en administración de empresas en Harvard Business School, no tenía planes de regresar para continuar mi doctorado. Sin embargo, la vida intervino y me permitió elegir lo que yo quisiera que incluyera mi carrera post-MBA. Cuando era estudiante, oí hablar de un cierto profesor de operaciones del Reino Unido y luego mi hermano terminó volviéndose muy cercano a él por cuestiones de trabajo. Fue así como me puse en contacto con David Upton para hablar sobre la idea de regresar a HBS en busca de un doctorado.

Empezamos los trámites de inmediato y estoy seguro de que él desempeñó un papel importante en mi eventual admisión al programa. Luego de ser admitido, no tenía dudas sobre el papel que él jugó en mi educación y en el camino para comprender el proceso de aprendizaje. Dave fue el mentor al que yo aspiro ser. Era cordial y alentador; una de las personas más inteligentes que he conocido; dominaba todos los temas que yo buscaba entender; se preocupaba por mí no solo como estudiante, sino también como persona. Cuando estábamos sumergidos de lleno en el programa, él llevó a mi joven familia a unirse a la suya durante sus vacaciones familiares en Creta. Él fue una inspiración para mí, primero, en mi papel de estudiante y, luego, como profesor. Me mostró cómo actúa alguien que en realidad se preocupa por el aprendizaje. Por desgracia, Dave murió trágicamente, demasiado joven, en 2017. Al escribir este libro, imaginaba cómo sería presentarle a Dave el producto terminado para que él viera sus huellas digitales impresas por todas partes. Hoy, lo compartiré con su esposa, sus hijos y sus padres, y espero que les haga sonreír al ver su obvia influencia a lo largo de estas páginas.

A nivel profesional, he tenido la suerte de trabajar con una gran cantidad de gente maravillosa. He tratado de trabajar con quienes tienen más talento que yo y, una y otra vez, he tenido éxito en esa tarea. Mis otros asesores en HBS, Rob Huckman y Gary Pisano, han sido fundamentales en mi carrera. Gary coprotagonizó mi disertación y me ayudó a comprender la necesidad de abordar nuestras carreras con la misma estrategia de operaciones con la que les enseñamos a las empresas a aplicar sus propios procesos. Rob no solo es curioso y reflexivo, sino que también es el empírico que aspiro ser. Al observarlo, yo sabía que si podía abordar los problemas con la mitad del rigor que él lo hace, entonces lograría hacer un trabajo interesante e impactante. Cualquiera que lea mis trabajos académicos verá la fuerte influencia de Rob en ellos.

Kent Bowen fue uno de los primeros miembros de la facultad con los que trabajé en HBS. Él me ayudó a comprender lo que en verdad significaba el sistema de producción de Toyota para el aprendizaje. Amy Edmondson es una estudiante de aprendizaje que practica lo que predica. Su investigación me ha enseñado e inspirado y trabajar con ella en proyectos fue una gran alegría. Ananth Raman me ayudó a entender lo que significa ser un verdadero experto en operaciones. Frances Frei siempre ha estado dispuesta a decirme grandes verdades, destacando siempre aquello que soy capaz de hacer mejor. Miembros de otra facultad, incluyendo a Clay Christensen, Frances Frei, Giovanni Gavetti, Jan Hammond, Marco Iansiti, Andy King, Roy Shapiro, Mike Toffel, Mike Tushman y Zeynep Ton también me ayudaron inmensamente en mis esfuerzos camino hacia mi doctorado—me mostraron cómo aprender a ser investigador y profesor—. Un agradecimiento especial para Max Bazerman, a quien no conocí con mayor profundidad sino hasta después de haber dejado HBS, por su ayuda durante el proceso de publicación.

Mis coautores en esta investigación han dejado sus huellas en este libro. Las historias contadas en estas páginas en lo referente a investigación resaltan los roles influyentes que cada uno de ellos desempeñó en este trabajo. Además de desafiarme a nivel intelectual, se convirtieron en mis queridos amigos.

Francesca Gino ha sido mi coautora más frecuente a lo largo de los años. Ella le aporta curiosidad y alegría a cada proyecto en el que se compromete. Me sirvió como catalizador, creando oportunidades para impulsar tanto mi propio trabajo como nuestro trabajo colaborativo. Estoy increíblemente agradecido por nuestro tiempo trabajando juntos. Diwas KC ha ayudado a darle forma a mi lente de operaciones para explorar problemas. Nos encontramos por casualidad durante su visita a UNC y, mientras hablamos, nos dimos cuenta de que trabajaríamos bien juntos. Nueve meses después, culminamos nuestro trabajo y luego nos fuimos a las carreras. Katy Milkman me ha desafiado desde la escuela de posgrado y tanto como persona y como coautora es muy agradable. Dave Hoffman entró en mi oficina para un chequeo de salud que se convirtió en una gran colaboración, por lo cual estoy muy agradecido. David Brunner me mantuvo sano en la escuela de posgrado y me ha desafiado desde entonces. Gracias también a las excelentes asociaciones con muchos otros, incluyendo a Dan Cable, Jonathan Clark, Rellie Derfler-Rozin, Seyed Emadi, Heidi Gardner, Saravanan Kesavan, Celia Moore y Tom Tan.

Tengo la suerte de estar en una universidad fantástica que valora tanto el rigor como la relevancia. Desde el liderazgo de nuestros decanos, primero, Jim Dean y luego Doug Shackelford, a la dirección de la facultad, Jay Swaminathan, Jennifer Conrad y Dave Hoffman, a la dirección del área de operaciones, Ann Marucheck, la mejor jefa que he tenido, y Vinayak Deshpande —todos me han dado la libertad, el aliento y los recursos para aprovechar mis fortalezas y tratar de hacer una diferencia para nuestros estudiantes y administradores en ejercicio—. Los colegas de mis operaciones en Kenan-Flagler también han desempeñado un papel fundamental en lo referente a hacer que el trabajo se mantenga siendo no solo divertido sino intelectualmente atractivo. Un agradecimiento especial a Adam Mersereau. Incluso si aún no hemos encontrado una manera de colaborar juntos en un proyecto, su disposición a escuchar mis ideas y quejas ha sido un regalo para mí. Saravanan Kesavan ha sido mi mentora desde que estuvimos juntos en HBS, así como una colega y colaboradora maravillosa, además de amiga. Gracias a otros profesores, entre ellos Seyed Emadi, Wendell Gilland, Lauren Lu, Ali Parlakturk, Nur Sunar, Sandeep Rath y el difunto Harvey Wagner.

Antes de escribir este libro, tuve la buena suerte de pasar un año en Wharton School como visitante de la facultad. Esto me dio la oportunidad no solo de volver a trabajar con Katy Milkman en persona, sino de conocer a uno de mis ídolos académicos, Christian Terwiesch. El trabajo de Christian fue una inspiración para mí, razón por la cual fue verdaderamente emocionante llamarlo colega y, eventualmente, colaborador. No solo me ayudó cuando éramos colegas, sino que muchos años antes, se había desempeñado como editor en un artículo mío y me enseñó lo que significaba ser un erudito en operaciones empíricas. En algún momento, espero que podamos trabajar juntos en un proyecto serio. Las largas conversaciones con Gerard Cachon desafiaron de manera similar mi visión del mundo sobre cómo funcionan las operaciones. Estoy agradecido por el tiempo que pasé alrededor de Marshall Fisher, de quien no puedo dejar de aprender cuando estoy cerca. Simone Marinesi, fue una delicia ser su profesor (y compartir un café con frecuencia). También disfruté de mis interacciones con otros profesores, incluidos Morris Cohen, Noah Gans, Cade Massey, Maurice Schweitzer y Senthil Veeraraghavan.

Mi investigación ha sido moldeada más que nada por los estudiantes con los que he trabajado. Estudiantes de doctorado como Ethan Bernstein, Hengchen Dai, Maria Ibañez, R.J. Niewoehner, Pradeep Pendem y Melissa Valentine me han enseñado tanto como yo les he enseñado a ellos. He tenido la suerte de enseñar a muchos participantes de MBA y desarrollo ejecutivo que no solo me han permitido probar mis ideas, sino que también me han ayudado a generar otras nuevas.

Cuando estaba concibiendo la idea de este libro, quería probarlo con un público objetivo. Eso significaba recurrir a mis amigos, quienes tuvieron la amabilidad de pasar tiempo generoso conmigo, discutiendo el tema. Schuyler Jones y John Stillson no solo pasaron muchas horas conmigo en el campo de béisbol, sino que también estuvieron dispuestos a compartir sus propias experiencias (y luego, en el caso de Schuyler, revisar mi narrativa en el ejemplo de cardiología que utilizo para asegurarme de que lo que hice no suene tonto). Greg Bromberger, Chris Crane, Kyle Chenet, Andy Greene y Steve McMahon también fueron igual de generosos con su tiempo.

Antes de ingresar a la academia, solía leer acerca de cuán importantes eran los editores para el proceso de escritura. Creía que si todos lo decían, entonces debía ser así. Sin embargo, no había tenido manera de comprobar qué tan cierto era. Ahora, ya tuve la oportunidad de trabajar con dos editores excelentes. El primero es Steve Prokesch. Steve toma todo lo que le doy y me anima a mejorarlo. Su disposición a permitirme líneas innecesarias y espacios desperdiciados es cero. Ese es el tipo de actitud que puede llegar a ser molesta cuando ya va llegando una fecha límite de entrega, pero es muy valiosa cuando lo que se está tratando es de tener un impacto a largo plazo. Tim Sullivan, mi editor de este libro, guio a este autor novato a través del proceso. Él ha caminado en la delgada línea de dejar que mi voz se escuche a la vez que me inspira a seguir mejorando mi trabajo. Cualquier error que haya quedado aquí es mío. No puedo decir lo suficiente sobre cómo es esto de trabajar con él y todo el equipo de HBR Press. Un agradecimiento especial a Martha Spaulding por hacer un maravilloso trabajo copiando el libro. Gracias a Jennifer Waring y Jon Shipley, también gracias.

A lo largo de mi vida, he estado rodeado de más grandes educadores de los que podría enumerar. Ellos alimentaron la pasión del niño que yo era por el inglés y las matemáticas y me ayudaron a encontrar un lugar donde estuviera cómodo. Al crecer en el Distrito Escolar Independiente de Eanes, tuve muchas dificultades para aprender de maestros como la Sra. Calvert, la Sra. Sassano, la Sra. Andrus, el Sr. Batt, la Sra. Browne, la Sra. Blair, el Sr. Harper, la Sra. Flatau, y el entrenador Hinojosa. En Texas University, le agradezco a Kurt Heinzelman de manera muy especial —por destruir por completo mi escritura, pero luego reconstruirla— y también a Mack Grady, quien fue un mentor paciente, motivador con quien me encantó trabajar en ingeniería eléctrica. Gracias a Dean Ben Streetman por su ayuda, tanto durante mi estadía en UT como después.

Nunca hubiera encontrado por mí mismo el camino hacia este libro sin mi familia. Mi madre siempre ha sido mi más grande apoyo. No solo creía que sus hijos podían lograr cualquier meta que se propusieran, sino que siempre estaba allí para apoyarnos en el esfuerzo. Su estímulo fue empoderador. Ella regresó a la escuela cuando yo era niño y el hecho de que se ocupara de todo lo que tenía que ver con sus responsabilidades, pero aun así, siempre siguiera teniendo tiempo para mí, me dejó en claro que yo también podría trabajar y lograr todo lo que soñara. Mi padre es la persona a la que más he admirado a lo largo de mi vida. Me ha dado ejemplo de cómo lograr la excelencia al mismo tiempo que tratas bien a las personas. Siempre supe que él estaba ocupado, pero que me dedicaría tiempo cuando yo lo necesitara. Mi hermano mayor, Trent, es una de las personas más exitosas que conozco. Siempre fue una inspiración para mí, e incluso cuando era niño, siempre buscaba ayudar a su hermano menor. Saber que alguien con su talento (y tamaño) me respaldaba generó en mí un nivel de comodidad que no logro describir. Excepto por un juego traumático del béisbol en Atari, Trent siempre intentó hacer mi vida más fácil a la vez que me retaba a seguir siendo mejor. Gracias también a mi tío Glenn y a mi tía Marsha por dar ejemplos de cómo el trabajo duro y el aprendizaje le brindan oportunidades a cualquiera. Hoy en día, mis suegros han estado en mi vida por más tiempo que ellos. Le agradezco a Rick por compartir sus perspectivas sobre el aprendizaje de las lecciones y por poner a su disposición su larga lista de contactos. Becky me ha animado desde que la conozco. Además, no estoy seguro de que hubiéramos logrado superar los primeros años de paternidad sin su ayuda. Gracias.

Finalmente, debo agradecerles a las cuatro personas con las que paso más tiempo. Nuestros tres hijos son una inspiración constante para aprender. Cada uno nació cuando yo era un estudiante de doctorado y mi esposa y yo bromeábamos diciendo que, si la academia no funcionaba, al menos ya tendríamos algo que mostrar como resultado de la escuela de posgrado. Verlos a través de estos años de un aprendizaje tan enriquecedor hace que me sienta asombrado. Son inquisitivos, amables y enérgicos. No puedo creer mi buena fortuna de tenerlos cerca y que me llamen "papá". Espero que aprendan tanto de mí como yo he tenido la oportunidad de aprender de ellos.

Termino esta sección con la otra persona que merece todo el crédito del mundo en lo que se refiere a la creación de este libro —Patricia Cantwell Staats—. Tricia y yo nos conocimos durante la fiesta de Halloween de nuestro primer año en Texas. Todavía no sé lo que ella vio en un chico torpe y socialmente despistado, pero estoy agradecido de que lo haya visto. A lo largo de muchos cambios, muchas ciudades y muchos años, es una alegría tenerla a mi lado. Tricia es inteligente, reflexiva y amable. Sabe cómo actuar en cualquier situación en la que se encuentre y es el tipo de persona con la que te sientes tan cómodo que le cuentas de inmediato tus secretos más profundos. Ella no solo ha creído en mí y me ha ayudado a lograr mis metas y las metas de nuestra familia, sino que también me hace querer ser una mejor persona. Sé que no siempre tendré éxito en eso, pero, cuando me quedo corto, ella está allí para ayudarme a aprender del fracaso y avanzar en una dirección productiva.

"Ningún amor, ni ninguna amistad
pueden cruzarse en nuestro camino sin dejar
alguna marca en nosotros para siempre.
Estoy muy agradecido de que
tu camino se haya cruzado con el mío".
—François Mauriac

Casi 25 años después, todavía estoy agradecido de que nuestros caminos se hayan cruzado. Es posible que hayamos comenzado con la ingenuidad de la juventud, pero no logro imaginar a una mejor pareja con quien pasar mi vida. Que nunca dejemos de aprender juntos.

Sobre el autor

BRADLEY R. STAATS, DBA, es profesor en University of North Carolina Kenan-Flagler Business School. Trabaja con individuos y organizaciones que buscan aprender y mejorar para mantenerse actualizados, innovar y tener constante éxito. Su enseñanza se centra en cómo diseñar organizaciones que sean capaces de aprender continuamente, así como en incorporar análisis para que los datos sirvan como impulsores de la toma de decisiones. Además de enseñar en UNC Kenan-Flagler, Staats trabaja con compañías de todo el mundo en sus estrategias de aprendizaje y análisis.

Su investigación está enfocada en el papel del comportamiento humano en el aprendizaje y la mejora operativa. Él integra el trabajo en la gestión de operaciones y la ciencia del comportamiento para comprender cómo y en qué condiciones los individuos, equipos y organizaciones logran desempeñarse de la mejor manera. Dirige investigaciones de campo en entornos como servicios de salud y software, consultoría, centros de llamadas y ventas minoristas. Utiliza datos de archivo y experimentos de campo para proporcionar una perspectiva interdisciplinaria que mejore la teoría y la práctica.

Staats publica con frecuencia y es miembro de las juntas editoriales de varias revistas académicas líderes. Su trabajo también ha sido presentado en diversos medios de comunicación. Ha ganado numerosos premios de enseñanza e investigación. Esto incluye el Wickham Skinner Award, que es el premio a los logros en investigación temprana de la Dirección de Producción y Operaciones de Wickham Skinner Society; también le han sido otorgado los premios Poets & Quants como uno de los profesores "Best 40 Under 40" de escuelas de negocios en el mundo y el Premio Warren Bennis al mejor artículo en *Harvard Business Review* sobre liderazgo.

Staats obtuvo su DBA (en administración de tecnología y operaciones) y su MBA en Harvard Business School. Recibió su licenciatura, con honores, en ingeniería eléctrica y su licenciatura, con altos honores, en Plan II y español en Texas University, en Austin, donde fue nombrado el graduado masculino más destacado de su clase.

Antes de su carrera académica, Staats trabajó como capitalista de riesgo en una empresa líder en el sureste de los Estados Unidos. También trabajó en la banca de inversión en Goldman Sachs y en planificación estratégica en Dell.

Staats vive en Chapel Hill con su esposa y sus tres hijos. Con frecuencia, lo verán en los campos de juego locales para ayudar a entrenar a los equipos de béisbol de sus hijos.